Coaching

Inhalt

Vorwort

Die Vorstellungen über das Wirtschaftsleben sind stark von Gedanken an den Erfolg geprägt. Es wird nach den Koryphäen der Macht gesucht, den Primadonnen der Berater, kurz man möchte gerne Millionär sein und den Posten als Tellerwäscher überspringen. Das entsprechende Know-how wird in einem Vortrag von XY oder durch die Lektüre eines Bestsellers zum Thema Erfolg erworben. Sicherlich hat es Menschen gegeben, die – wie es scheint – mit einem Patentrezept schnell reich geworden sind. Doch Bill Gates u. a. sind Ausnahmen, und es kann nicht nur Ausnahmen geben.

Coaching wird in den meisten Veröffentlichungen in dieses „Erfolgsmilieu" gestellt. Es wird als neues Instrumentarium beschrieben, um als Vorgesetzter mehr und dauerhafter Erfolg zu haben. Da Coaching aus dem Sport kommt, ist die Assoziation mit Gewinn und „Erster sein" naheliegend. Und es ist nicht verwunderlich, wenn Sportler wie John Whitmore, ein ehemaliger Rennfahrer, Coaching-Bücher schreiben. Für ihn setzt Coaching „das Potential eines Menschen frei, seine eigene Leistung zu maximieren." Solche Formulierungen finden sich in allen Büchern zum Thema: Wie werde ich reich?

Die Schwierigkeit der Eingrenzung des Themas Coaching liegt vor allem darin, daß jeder Autor Coaching nach seinen Vorstellungen anders definiert. Ob als Führungsinstrument oder Beratungsform, das Modewort Coaching steht oft für etwas, was es schon immer gegeben hat. Wenn nun ein weiteres Buch zum Thema Coaching erscheint, so ist es redlich, wenn der Autor erklärt, was er unter Coaching versteht und was seiner Meinung nach Coaching zu leisten imstande ist.

Das Anliegen dieses Buches ist es, Coaching als etwas Eigenständiges, als deutlich definierte Tätigkeit zu beschreiben. Dabei wird Coaching als Unterstützung der Persönlichkeitsbildung in Arbeitszusammenhängen verstanden. So grenzt sich Coaching klar vom Betriebswirtschaftlichen ab, ist keine Strategie- oder Planungsberatung und betreibt auch keine Unternehmensanalysen oder Teamentwicklung.

Externe Expertenberatung ist für die meisten Unternehmen heutzutage Standard, vor allem bei der Unterstützung im Bereich der Informationsverarbeitung. Die Notwendigkeit einer solchen Beratung stellt auch niemand ernsthaft in Frage. Schwieriger wird es, wenn es um das Thema Kommunikation geht. In diesem Bereich werden dieselben schnellen Lösungen erwartet, wie sie beispielsweise Computerfachleute anbieten können. Menschliches Verhalten und Kommunikation lassen sich jedoch nicht auf die gleiche Art und Weise behandeln. Dennoch gibt es Anbieter, die in ihren Seminaren und Vorträgen auf diese Erwartungen einsteigen. Die Teilnehmer von solchen Veranstaltungen werden in ein emotionales Hoch versetzt, das oft mit qualitativer Beratung verwechselt wird.

Andere Berater leben von ihrem bekannten Namen. Oft werden solche namhaften Berater engagiert, um als Autorität der Führungskraft die ungeliebten und politisch gefährlichen Aufgaben abzunehmen.

Coaching ist psychologisch-philosophisch orientiert und bedient sich daher einer speziellen Terminologie. Für das Wirtschaftsleben muß diese Sprache übersetzt werden. Diese Übersetzung hat jedoch zur Folge, daß ein großer Teil der Möglichkeiten von Coaching verloren geht. Daher sind viele Ausführungen über Coaching unbefriedigend.

Ferner ist Coaching mit einem großen Risiko verbunden, weil es um die Infragestellung von Strukturen, Gewohnheiten, Sichtweisen, Lebenseinstellungen und ganz konkret um das Risiko der Beziehung zwischen Coach und Coachee geht. Dieses Risiko läßt sich vom Ansatz her nicht schmälern und nicht eingrenzen. Es kann nur im Vertrauen bzw. in der Seriosität, der persönlichen Reife des Coachs aufgehoben sein.

Bei der Arbeit des Coachs sind zwei Dimensionen kennzeichnend: das Slowmanagement und die Qualität. Die meisten der heutigen Managementansätze beinhalten eine klare Zielorientierung und einen erweiterten Begriff von Qualität, wobei häufig das Ziel mit dem Ergebnis verwechselt wird. In diesen Ansätzen wird Qualität nicht nur als die Produktgüte verstanden. Qualität beschreibt eine Form der gesamten betrieblichen Leistungserstellung im Hinblick auf die Kundenanforderungen. Diese komplexen Qualitätsanforderungen sind mit bisherigen Strukturen und Denkmustern nicht zu erreichen. Es müssen bestimmte Prozesse verlangsamt werden, damit andere umso schneller ablaufen können. Dies ist die Idee des Slowmanagements. Qualität ist im Sinne von Slowmanagement dann erreicht, wenn genau benannt werden kann, wo Prozesse verlangsamt und wo Prozesse beschleunigt werden müssen. Nur so erhält man eine Qualität, die sich nicht allein auf das Produkt bezieht.

Die folgenden Ausführungen sind von diesen Gedanken geprägt. Deshalb riskieren die Autoren, daß Beschreibungen unkonkret bleiben, weil sonst die Gefahr besteht, daß die Haltung, um die es beim Coaching geht, auf eine Technik reduziert wird.

Bottrop/Düsseldorf, im August 1998

Thomas Holtbernd
Bernd Kochanek

Zum Gebrauch des Buches

Um eine wissenschaftlich fundierte Arbeit zu schreiben, bedarf es einer Form, die die Dinge klar und konkret benennt. Wie aber bereits im Vorwort erwähnt, wäre es ungerechtfertigt, Coaching auf eine Technik zu reduzieren. Ziel dieses Buches ist es vielmehr, leicht verständlich und dennoch profund zu erklären, was Coaching ist, um so einen unbeschwerteren Zugang zu schaffen. Zudem haben wir uns um eine übersichtliche Form bemüht, mit der Absicht, ein Handbuch zum schnellen Nachschlagen zu bieten.

Die einzelnen Kapitel beginnen mit einem Dialog aus einem hypothetischen Coachingprozeß. In zehn Schritten wird ein potentieller Coachingverlauf dargestellt. Die Person X ist der Protagonist, der sich auf den Weg gemacht hat, einen Coach zu suchen und mit Person C, dem Coach, diesen Weg geht.

Die Gespräche basieren auf eigener, jahrelanger Erfahrung als Berater und Coach. Sie sind keine Protokolle von realen Beratungsgesprächen, sondern stilisiert zusammengefaßt, auch wenn sie so stattgefunden haben könnten.

Im Anschluß an den jeweiligen Dialog wird in einem theoretischen Teil das Gespräch erläutert. In diesem Zusammenhang wird auch der praktische Bezug zum Wirtschaftsleben aufgezeigt. Insbesondere erscheint die Betrachtung der kommunikativen Grundlage zwischen Coach und Coachee wesentlich. Damit ist jedoch nicht nur der inhaltliche Aspekt gemeint. Um den anderen wichtigen Dimensionen wie Beziehung etc. gerecht zu werden, wird in Anlehnung an das Kommunikationsmodell nach Schulz von Thun die grundsätzliche Situation zwischen Coach und Coachee beschrieben. Anschließend erfolgt im Theorieteil die Abhandlung von Begriffen und Inhalten in der Reihenfolge, wie sie durch das Gespräch vorgegeben wurden. Die am Rand angemerkten Stichworte werden im theoretischen Teil aufgenommen und durch im Gespräch nicht erwähnte, zusätzliche Begriffe an passender Stelle ergänzt. Am Ende der jeweiligen Theorieteile werden die wichtigsten Gedanken thesenartig zusammengefaßt. Dadurch ist der theoretische Teil wie ein Baukasten aufgebaut. Die einzelnen Teile sind jeweils für sich verständlich. Im Fazit werden diese Teile miteinander in Beziehung gesetzt. Dieses Fazit ist quasi der „Coach des Buches", der den roten Faden aufzeigt und durch das Buch führt. Die Kapitel werden mit Literaturhinweisen beendet, die zum größten Teil kommentiert sind. Zusätzlich findet sich am Ende des Buches ein Gesamtliteraturverzeichnis.

In der Zusammenfassung wird abschließend der Gesamtverlauf des Coachingprozesses visualisiert und beschrieben.

1. Sitzung: Einführung

Dialog zwischen Coach C und Coachee X

C: Guten Tag.

X: Guten Tag.

C: ...

X: Möchten Sie etwas trinken?

C: Nein danke.

X: Bitte nehmen Sie Platz.

C: ...

X: Tja, ich weiß gar nicht, wie ich anfangen soll.

C: ...

X: Ich habe Sie angerufen, weil wir grundlegende Umstrukturierungen im Unternehmen planen, die sich auf die Mitarbeiter auswirken werden. Wie gehe ich da am geschicktesten vor, was sage ich dem Betriebsrat usw. Sie kennen das. Ich will die Angelegenheit jedenfalls gut über die Bühne bringen. Anlässe

C: Was meinen Sie mit „gut über die Bühne bringen"?

X: Na ja, der Mitbewerber schläft auch nicht, die Kosten laufen uns davon, wenn es nicht reibungslos klappt. Da können wir nicht einfach zuschauen.

C: Und wie möchten Sie das erreichen?

X: Das ist ja genau der Grund, warum ich Sie angerufen habe. Ich brauche ein paar Tips, vor allem in bezug auf die Mitarbeiter, wie das psychologisch geschickt angegangen werden kann. Außerdem will ich bei all dem möglichen Chaos den Überblick behalten. Gründe für ein Coaching

C: Wie groß sind Sie?

X: 186 cm. Verstehe ich jetzt aber nicht. Was soll die Frage?

C: Ich habe Sie jetzt mit etwas konfrontiert, was Sie irritiert hat. Aber, ist es nicht genau das, was Ihnen bei Gesprächen mit Mitarbeitern passieren kann? Sie denken, der Mitarbeiter weiß, worum es geht. Dann stellt er eine Frage, die überhaupt nicht in den Zusammenhang paßt, für ihn jedoch aus Gründen, die nur er kennt, wichtig ist.

X: Genau, nur wie reagiere ich auf so etwas?

C: Wie sind denn Ihre Mitarbeiter grundsätzlich motiviert?

X: Da wir das umsatzstärkste Unternehmen in unserer Branche sind und wir viel für unsere Mitarbeiter getan haben, ist das nicht das Problem.

C: Und was wollen Sie jetzt genau von mir?

X: Sie wissen ja, wie es auf dem Markt aussieht, und gerade in unserer Branche, da müssen wir was tun. Wie gut kennen Sie sich eigentlich in unserer Branche aus?

Coaching Fokus

C: Ich bin Coach, meine Branche sind die menschlichen und zwischenmenschlichen Dinge. Vergleichen Sie es mit einem Chirurgen, der muß gut schneiden können. Warum jemand eine Blinddarmreizung hat, ist eben nicht ...

X: Nun gut, doch ohne gewisse Kenntnisse über unsere Branche kann man vieles nicht richtig einschätzen.

C: Das ist sicherlich richtig.

X: Ja, dann sagen Sie mir doch, was Ihr spezielles ... also was Ihre Arbeit ausmacht?

C: Sie stellen damit eine Frage, die ich kaum beantworten kann. Da ich in das System Ihres Unternehmens nicht eingebunden bin, sehe ich Dinge, die nur aus einer gewissen Distanz auffallen, quasi die blinden Flecken.

X: Nun gut, wie sieht denn Ihre Arbeit konkret aus?

C: Meine Arbeit hängt von Ihrer Risikobereitschaft ab.

X: Wie? Von meiner Risikobereitschaft?

C: Ja, welches Risiko wollen Sie eingehen?

X: Das verstehe ich nicht. Es geht doch nicht um mich, es geht darum, wie ich mit meinen Mitarbeitern das Ganze in Gang bringe und die Risiken für das Unternehmen möglichst klein halte.

C: Ja genau, deshalb riskieren Sie ja etwas. Sie stehen Ihren Mitarbeitern gegenüber und verantworten diese Veränderungen. Und auch mit dem Coaching riskieren Sie etwas, von dem Sie nicht wissen, was passieren wird.

Zielvorgaben

X: Moment, ich glaube, wir müssen da erst einmal etwas klären. Ich habe einen Berater gesucht, und bisher war es so, daß klare Zielvorgaben besprochen wurden. Bei diesem Gespräch weiß ich nicht recht, wohin es führt.

C: Ich auch nicht.

X: Das ist ja prima.

C: Also, ich schlüpfe, wie Sie gerade gemerkt haben, in die Rolle, wie früher vielleicht der Hofnarr. Ich riskiere, um beim Risiko zu bleiben, scheinbar unsinnige Dinge zu sagen, um gewohnte Denkmuster oder auch Ansichten anzukratzen.

Ablehnung von Coaching

X: Schön und gut, was hilft mir das?

C: Ich versuche, diese „Späße" zu treiben und ebenso den Transfer herzustellen. Ich gehe einen bewußten Wechsel von Spiel und Ernsthaftigkeit ein. Das ist das Dilemma. Manches kann man nicht so sagen, wie man es denkt. Manches stößt auf Unverständnis oder gar Aggression, und dennoch bin ich gezwungen, etwas zu ...

Der Coach als Sachverständiger

X: ...Das kenne ich zu gut. Mit den Leuten in der Fabrikation muß ich so reden, mit denen in der Verwaltung wieder ganz anders.

C: Ja genau, da spielen Sie auch Rollen.

X: Aber, wie sieht das Coaching mit Ihnen denn nun konkret aus?

C: Was haben sie denn für Vorstellungen gehabt, als Sie sich entschlossen, mich anzurufen?

X: Ich dachte, Coaching wäre so etwas wie ein neues Führungsinstrument, das relativ schnell zu erlernen sei. Was Sie erzählen, hört sich aber ganz anders an. Jetzt sagen Sie mir bitte mal, was Coaching überhaupt ist. Ich muß gestehen, daß ich nur in den üblichen Zeitschriften ab und an einen Artikel über dieses Thema gelesen habe.

Definition von Coaching

C: Sie sagten, daß Sie Coaching für ein neues Führungsinstrument halten. So wird es auch in vielen Fällen beschrieben. Ich verstehe es allerdings anders.

X: Also kein Führungsinstrument?

C: Es gehört zur Personalführung bzw. -pflege.

X: Coaching wird auch in Zusammenhang mit den neuen Entwicklungen genannt.

C: Was auch immer diese Entwicklungen sein mögen.

X: Globalisierung, komplexere Zusammenhänge, Changemanagement usw.

C: Was sagen diese Worte? Damit kann man Managern hervorragend eine Beratungsnotwendigkeit vorgaukeln.

X: Aber beraten wollen Sie doch auch.

C: Stimmt und stimmt nicht. Ich sagte ja vorhin, daß ich mich als kritischen Frager sehe.

X: Sie wollen Mißstände aufdecken?

Wirksamkeit von Coaching.

C: Mißverständnisse und Gefahren von Mißverständnissen.

X: Damit z. B. Mobbing nicht entsteht.

C: Zum Beispiel. Ich denke, es geht darum, die komplexen Zusammenhänge in einer Organisation zu strukturieren.

X: Das ist heutzutage gar nicht so einfach.

C: Stimmt, und es setzt voraus, daß ein gegenseitiges Vertrauen entstanden ist. Ein wichtiger Aspekt meiner Arbeit ist der Schutz von Intimität bzw. das Bewußtwerden dieser Dimension.

X: Wie meinen Sie das?

C: Die Integrität ist mir wichtig.

X: Sie meinen, daß jeder das Recht hat, „Nein" zu sagen.

C: Genau.

X: Während wir jetzt miteinander reden, muß ich die ganze Zeit daran denken, daß Sie im Grunde nur den gesunden Menschenverstand fördern wollen.

C: So können Sie es nennen. Es geht darum, durch Coaching den Nebel, der sich durch scheinbare Notwendigkeiten wie Betriebsblindheit gebildet hat, klar zu sehen, so daß das eigene Denken, der gesunde Menschenverstand wieder zu seinem Recht kommt. Mit einer Geschichte kann ich das plastischer darstellen: Eines Tages saß Hodscha auf seinem Esel mit dem Gesicht nach hinten gekehrt. Die vorübergehenden Leuten fragten Hodscha, warum er rückwärts auf seinem Esel sitze? Ich sitze richtig auf meinem Esel, erwiderte er, aber der Esel blickt in die falsche Richtung.

So, die sechzig Minuten sind um.

X: Das ging ja schnell.

C: Also dann. Auf Wiedersehen.

X: Auf Wiedersehen.

Theorie

Der erste Schritt der Managerbegleitung ist ein vorsichtiges Herantasten. Meist führt eine längere Entwicklung dazu, sich einen Coach zu suchen. Es findet sich ein Anlaß, und mehr oder weniger zufällig kommt dann der Kontakt zum Coach zustande. Der Coach muß spüren, daß jemand auf ihn zukommt, der sich bereits für die weichen Faktoren der Unternehmensführung geöffnet hat. Nach Ansicht des Coachs beginnt Coaching bereits vor dem ersten Kontakt durch die Bemühung des Managers, der sich überlegt, wie bestimmte Dinge demnächst behandelt werden sollen.

Der Kontakt mit dem Coach kommt meist übers Telefon zustande. Die Ungewißheiten im ersten Gespräch sind häufig nicht Resultat der Unkenntnis des Managers in bezug auf Coaching. Vielmehr bewegt ihn die Frage, ob Coaching mit diesem konkreten Coach gelingen kann. Daher geht es im ersten Gespräch oft darum, daß der Manager Gewißheit über die Richtigkeit seiner Entscheidung finden möchte. Diese Unsicherheit muß der Coach ernstnehmen und in die Gespräche mit aufnehmen. Die Themen im ersten Gespräch sind Fragen nach einer gewissen Objektivität: Bringt das Coaching Erfolge? Hat das Unternehmen auf irgendeine Weise auch einen ökonomischen Nutzen davon? Wie wirksam ist Coaching? Was behandelt Coaching vor allem? Worauf muß sich der Manager einlassen? Was sind die Ziele des Coachings? Diese und ähnliche Fragen sind berechtigte Anliegen des Managers, denn er zahlt für das Coaching und erwartet dafür eine Gegenleistung.

Der Coach nutzt das erste Gespräch dazu, einen Eindruck zu gewinnen und einschätzen zu können, ob Coaching mit diesem Manager möglich ist, ob eine tragfähige Vertrauensbasis entstehen kann. Der Coach wird bemüht sein, Coaching einzugrenzen, zu erklären, was Coaching leisten kann und wie in etwa die einzelnen Sitzungen ablaufen werden. Sollte nach Einschätzung des Coachs eine konstruktive Zusammenarbeit mit dem Manager nicht möglich sein, so ist es notwendig, daß er seine Vorbehalte erklärt und gegebenenfalls die Zusammenarbeit ablehnt, denn Coaching ist immer auch persönlich und emotional. Dies hat der Coach auch dann zu tun, wenn er der Meinung ist, daß der Manager zu große Bedenken hat. Bei diesem ersten Gespräch werden die Weichen für den weiteren Verlauf des Coachings gestellt.

Das Vier-Seiten-Modell nach Schulz von Thun betrachtet nicht nur den inhaltlichen Austausch von Informationen, sondern berücksichtigt drei weitere wesentliche Aspekte, die gerade auch beim Coaching bedeutsam sind: die Beziehungsebene, den Appell und die Selbstoffenbarung. Für den Verlauf des Coachingprozesses ist es ausgesprochen wichtig, wie die Kommunikation zwischen Coach und Coachee verläuft. Jede einzelne Phase dieses Prozesses ist geprägt durch zum Teil mehrere Kommunikationssituationen. Diese zu kennen und zu erkennen hat große Auswirkungen auf den Erfolg von Coaching. Immer dann, wenn mindestens eine „Seite" der Kommunikation von Coach und Coachee nicht übereinstimmen, ist ein Potential für Kommunikationsprobleme gegeben. Damit aber beim Coaching andere Dinge im Vordergrund stehen können, muß der Coach die einzelnen Situationen erkennen und gegebenenfalls gegensteuern.

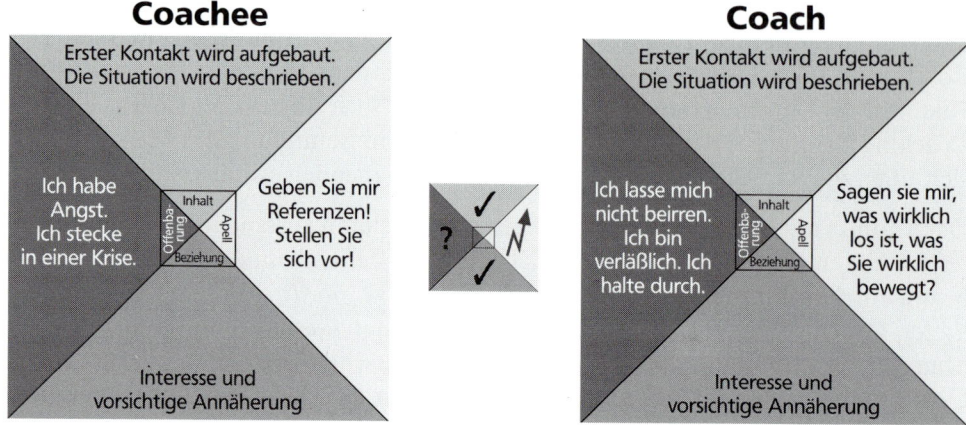

In der ersten Phase des Coachingprozesses, so könnte man glauben, gibt es kaum Potential für Kommunikationsprobleme, da beide Partner sich zunächst einmal kennenlernen wollen, die Interessen klären und formulieren, wie ihre jeweiligen Ausgangssituationen aussehen. Aber gerade die bereits aufgebaute Erwartungshaltung an den anderen birgt so manche Tücken.

Während die Inhaltsebene und die Beziehungsebene von Coach und Coachee in der Regel gleichermaßen gesehen werden, kann es bei der Selbstoffenbarung zu Problemen kommen, da der Coachee zumindest indirekt formuliert, daß auch Angst die Situation bestimmt und er damit Zuspruch benötigt, der Coach aber deutlich machen muß, daß er den Rahmen vorgibt und sich nicht von seinem Vorgehen abbringen lassen wird. In jedem Fall problematisch ist die Appellseite, da der Coach die Inhalte und den notwendigen Rahmen verfolgt, während der Coachee sich absichern möchte. Daher klagt er häufig Referenzen ein, um sich selbst zu beruhigen, die richtige Vorgehensweise gewählt zu haben. Referenzen geben dem Coachee das vermeintliche Gefühl der Sicherheit, obwohl es in dieser Phase um den Aufbau von Vertrauen geht. Das Einklagen von Referenzen ist kontraproduktiv, weil das Erfragen von Referenzen eher Mißtrauen ausdrückt, als daß es der Nährboden für den Aufbau von Vertrauen sein könnte. Daher muß diese Frage vom Coach beachtet werden.

Definition von Coaching

Im Duden findet sich für Coach die Bedeutung „Sportlehrer, Trainer und Betreuer". Im Englischen heißt Coach auch „Nachhilfelehrer, Einpauker".

Matthias Horx definiert Coaching in seinem Trendlexikon folgendermaßen: „Von amerikanischen und japanischen Managementberatern entwickelte Führungsmethode, die Antworten auf zunehmend nicht-lineare Entwicklungsprozesse auf den wichtigsten Märkten der Welt geben will. An die Stelle von autoritären Macht- und Befehlsstrukturen treten dabei Anleitungen zur Selbstorganisation für alle Ebenen. Führung soll Entwicklungen nicht mehr verordnen oder organisieren, sondern spontane und kreative Prozesse begleiten und fördern. Es wird davon ausgegangen, daß zukünftige Märkte dialogfähig sein müssen, daß sie spontan und chaotisch reagieren und deshalb keinen Raum mehr für straffe Strategien bereithalten."

Matthias Horx verengt Coaching auf eine Führungsmethode. Viele Autoren von Coachingbüchern folgen dieser Richtung. Der Begriff unterliegt mittlerweile einer wahren Inflation, vom Coach beim Fußball bis zum Vocal-Coach (früher schlicht Gesangslehrer genannt) findet sich fast alles. So wird alter Wein in neue Schläuche gefüllt.

Es ist hier nicht möglich, alle Ansätze und Definitionen von Coaching darzustellen, die sich zudem nur scheinbar unterscheiden. Exemplarisch werden einige herausgegriffen, die am besten das Spektrum seriösen Coachings aufzeigen.

Wolfgang Looss definiert Coaching als Problembewältigung: „Coaching ist – verkürzt formuliert – personenbezogene Einzelberatung von Menschen in der Arbeitswelt." (S. 13)

Ebenso versteht Astrid Schreyögg Coaching und hebt das Neue folgendermaßen hervor: „Im Gegensatz zu allen sonstigen Begriffsverwendungen läßt sich von einer 'echten' Innovation sprechen, wenn Coaching als professionelle Form der Managementberatung verstanden wird." (S. 7) und „Das basale Ziel von Coaching besteht in der Förderung beruflicher Selbstgestaltungspotentiale, also des Selbstmanagements von Führungskräften und Freiberuflern." (S. 9)

Gregor Schmidt bezieht Coaching auf die Persönlichkeit: „Coaching zielt primär auf die Stärkung aller vorhandenen Potentiale zum Aufbau einer starken Persönlichkeitskultur. Eine starke Persönlichkeitskultur ist vor allem Ausdruck eines hohen Grades der Fähigkeit zur Selbstorganisation." (S. 15)

Eine andere Betonung nimmt Wolfgang L. Roth u. a. vor: „Coaching ist eine neue und durch komplexe Strategien gekennzeichnete Maßnahme zur Unterstützung und Weiterbildung in Organisationen. Es dient primär der Förderung bzw. Wiederherstellung beruflicher Handlungskompetenz." (Wilker S. 201)

Diese Zitate belegen, daß die Definitionen äußerst allgemein gehalten sind und die Adressatengruppe nicht eindeutig bestimmt ist. Ein Grund für diese Beliebigkeit scheint darin zu liegen, daß die Autoren sich politisch-philosophisch in ihren Anschauungen zurückhalten, denn bei einer Durchsicht von Coachingbüchern findet sich kein einziger Versuch, diese Form der Beratung in einen historisch-politischen Zusammenhang zu stellen.

Die isolierte Sichtweise des Coachings ausschließlich auf das berufliche Umfeld des Menschen läßt außer acht, daß eine solche Technik nicht nur im Wirtschaftssystem wirkt, sondern die Auswirkungen bis in das Gesellschaftssystem reichen. Diese Auswirkungen schließen grundsätzlich aus, daß beim Coaching Normen und Werte angewendet werden, die nur im Wirtschaftssystem Gültigkeit haben, den gesellschaftlichen Wandel jedoch durch rigide Vorstellungen von Leistung und Leistungswille verhindern.

Nur wenn der gesellschaftliche Wandel mit einbezogen wird, kann Coaching zu einem dauerhaften, von der Unternehmensberatung und der Psychotherapie abgrenzbaren Prozeß werden, der sich selbst weiterentwickelt, ohne das Schicksal der vielen Trends und Modeerscheinungen zu erleiden, die kurz aufflackern, um dann wieder zu verschwinden.

Anlässe

Meist sind es äußere Anlässe, die einen Menschen bewegen, einen Coach zu suchen. Wolfgang Looss benennt folgende Gründe:

- Individuelle Lösungsversuche werden verallgemeinert, und ein Manager bemerkt, daß seine Versuche eher persönlichen Neigungen entsprechen und der Sachlage nicht angemessen sind

- Konflikte mit Mitarbeitern oder Kunden

- Der Manager fühlt sich übermäßig gestreßt

- Veränderungen der Berufsrolle

- Persönliche Lebensentscheidungen

- Lernbedürfnisse

- Outplacement

- Versetzungen oder Beförderungen

- Schlechte Bilanzen, schwierige ökonomische Situationen

Insgesamt zeigt die Erfahrung, daß Coaching in Anspruch genommen wird, wenn jemand die Muße dazu hat. Ein akuter Anlaß gibt dann den letzten Anstoß. Es zeigt sich immer wieder, daß diejenigen, die sich bereits für Veränderungen geöffnet haben, sich auf Coaching einlassen. Der Coachee darf an Coaching nicht die Erwartung stellen, daß momentane, konkrete und schwierige Probleme gelöst werden. Im Coaching geht es nicht um das Lösen konkreter Probleme, sondern um die Befähigung, Probleme lösen zu können. Idealerweise sollte Coaching in Anspruch genommen werden, wenn gerade kein aktuelles Problem vorliegt und ein großer zeitlicher und persönlicher Freiraum vorhanden ist.

Für den Coach ist die Bereitschaft des Coachees entscheidend, sich intensiv auf eine Auseinandersetzung über sich und sein Umfeld einzulassen. Vom Coachee genannte Gründe oder Anlässe stellen das Arbeitsmaterial dar, um einen Coaching-prozeß zu beginnen. Der Coach muß im Vorgespräch oder bei der ersten Sitzung ein-schätzen können, ob der Coachee seiner Meinung nach bereit ist, auch Veränderun-gen an sich zuzulassen. Es wäre eine Farce, wenn Veränderungen im Unternehmen ohne die Bereitschaft angegangen würden, auch selbst ein Risiko einzugehen. Für Mitarbeiter sind Veränderungen mit der Angst verbunden – seien sie berechtigt oder unberechtigt – im äußersten Fall den Arbeitsplatz zu verlieren. Der Vorgesetzte signalisiert seinen Mitarbeitern die Notwendigkeit von Veränderungen und nimmt ihnen einen Teil der Angst, wenn er selbst Privilegien abgibt bzw. selbst für die Mitar-beiter sichtbare Veränderungen in seinem Verhalten vornimmt.

Den Coach interessiert der Leidensdruck und die Ernsthaftigkeit, mit der ein Coa-chee die Sache an den Wurzeln beginnen will. Eine solche Einschätzung ist subjektiv, und der Coach folgt dabei seinem Gefühl, seiner Erfahrung und seinem Wissen. Er muß einschätzen können, ob dieser Coachee Fortschritte machen wird. Ansonsten wird auch im Laufe der Sitzungen nichts bewegt werden können. Aus der Psychothe-rapieforschung ist bekannt, daß Erfolg davon abhängt, ob der Patient in der ersten Begegnung mit dem Therapeuten das Gefühl hat, dieser glaube an eine positive Ent-wicklung. Auch beim Coaching ist dies entscheidend für den Erfolg.

Die Gründe für Coaching sind sehr unterschiedlich. Eine grundlegende Motivation ist der Leidensdruck. Meist hat der Coachee sich schon eine längere Zeit mit dem Thema Coaching beschäftigt. Der geäußerte Grund ist dann meist der letzte Anstoß, endlich aktiv zu werden.

Coaching-Fokus

Im Coaching geht es darum, die individuell bedingten Störungsursachen (Schuldzu-schreibungen, Vorannahmen, Fremdbilder) von den objektiv und strukturell beding-ten Fakten zu trennen. Die Analyse des eigenen Tuns im komplizierten Geflecht von systembedingten Ursachen und eigenen Anteilen ist die Aufgabe von Coach und Coachee. Der Coach kann dabei nicht der alles durchschauende Analytiker sein. Die besondere Aufgabe des Coachs besteht darin, aus der Distanz Zusammenhänge unbefangen betrachten zu können.

Dabei darf Coaching nicht illusionäre Ansprüche fördern und damit selbst zu einem Teil des Problems werden. Manchmal dient Coaching lediglich dem Hinführen zu anderen Formen der Beratung oder notwendigen Hilfen.

Ein Coach weiß, daß die Suche nach ihm schon der Beginn des Coachings ist und daher diese Suche bereits strukturiert sein muß. Der Coachee strebt einen Klärungs-prozeß an. Der für die Entscheidungsfindung wichtige Verlaufsprozeß kann nicht stattfinden, wenn man den Coach so einfach engagieren kann wie eine Gebäudereinigung. Coaching-Kontakte kommen über eine höchst verzwickte Kette von Umwegen und Zufällen zustande, die ihrerseits zu einem Teil der neuen Lerngeschichte des Coachees werden.

Der Coach ist somit fokussiert auf Interventionen, Zuhören und Zusehen, Nachfragen, Unterstützung geben, den Selbstausdruck fördern, Bedeutungen klären, Konfrontationen, Arbeitsvorschläge erklären und Informationen geben. Er richtet seine Aufmerksamkeit auf das Individuum in dem System des jeweiligen Unternehmens. Diese Fokussierung ist äußerst komplex, da der Coach sowohl den Coachee als auch das Unternehmen im Blick hat und aus mehreren Perspektiven gleichzeitig eine Situation sieht.

Gründe für ein Coaching

Gründe für ein Coaching zu benennen ist sehr schwer. Wie bereits erwähnt, sind es häufig äußere Anlässe, die einen Menschen einen Coach suchen lassen. Die Gründe sind meist mit einem bestimmten Entwicklungspunkt des Coachees verbunden. Der Coachee hofft, daß der Coach ihm seine Ängste nehmen und Lösungsmöglichkeiten für seine Probleme anbieten kann. Der Coach sieht die an ihn gerichteten Erwartungen und Ängste des Coachees und der Mitarbeiter. Die Tätigkeit des Coachs umfaßt viele Bereiche. Er muß es verstehen, aus soziologischer, philosophischer, psychologischer und ökonomischer Sicht den Fokus zu bewahren. Coaching ist ein dynamischer Prozeß und verläuft nicht geplant.

Coaching ist eine äußerst komplexe „Beratungsform", die zwar mit einem Menschen stattfindet, jedoch die Perspektiven vieler Personen berücksichtigen muß. Es wird sowohl der einzelne als auch das ganze System gesehen. Coaching ist mit einem hohen Anspruch an Offenheit und Multiperspektivität verbunden. Die Ergebnisse von Coaching mögen auf den ersten Blick banal erscheinen. Oft sind die Ergebnisse nur dadurch zu verstehen, daß der Blickwinkel geändert und dadurch die angebliche Banalität als äußerst komplexes Geschehen erkennbar wird. Das Produkt von Coaching kann daher nur dynamisch verstanden werden.

Der Coach als Sachverständiger

Der Coach ist kein Berater, der es als seine Aufgabe ansieht, für klar umrissene Probleme Lösungen zu schaffen. Damit unterscheidet er sich eindeutig von betriebswirtschaftlichen Beratern. Für einen Coach kommt es darauf an, die Anteile im alltäglichen Geschäft zu benennen, die betriebswirtschaftlich nicht erfaßt werden. Er leistet Hilfe zur Selbsthilfe, nimmt aber den Managern keine Arbeit ab. Sein Tätigkeitsgebiet läßt sich auch nicht eindeutig abgrenzen wie das eines Sachverständigen. Er bietet sich nicht für Sachlösungen an, sondern begleitet den Manager bei seinen Aufgaben.

Der Coach versteht sich nicht als ein Sachverständiger, der besser weiß, wie ein Unternehmen zu führen ist. Der Coach begleitet den Coachee bei seinen Entscheidungsprozessen. Der Coach kennt sich mit diesen dynamischen Abläufen aus und weiß, wie er Menschen in Krisen- und Veränderungssituationen unterstützen kann.

Wirksamkeit von Coaching

Die Forschungsergebnisse aus der Psychotherapie können mit gewissen Einschränkungen auch auf das Coaching übertragen werden:

- Länger hilft besser. „Therapien wirken in der Regel im Symptombereich recht schnell, brauchen in den sozialen und persönlichen Bereichen jedoch mehr Zeit." (Stämmler S. 91)

- Rahmenbedingungen, die die Selbstverantwortlichkeit und Aktivität der Klienten bei der Suche und Auswahl ihrer Therapeuten beschränken, wirken sich negativ auf den Therapieerfolg aus. (Stämmler S. 91)

- Der Ursprungsberuf (Arzt, Psychologe, Sozialarbeiter) hat keinen Einfluß auf die Behandlungserfolge. (Stämmler S. 92)

- Die Qualität der jeweiligen konkreten Beziehung zwischen Therapeut und Klient ist der entscheidende Faktor für den Erfolg einer Therapie, und nicht die Methode. (Stämmler S. 92)

Die Schwierigkeit, Erfolg zu definieren, besteht darin, daß Erfolg dem Newtonschen Denken entspricht. Aus ökosystemischer Sicht gibt es keinen Erfolg. Man ist in einer weiteren Feedbackschleife. Erfolg läßt sich am ehesten als die Weckung von Neugier und Lernlust beschreiben.

Coaching läßt sich nur schwer mit Kriterien beschreiben, die einen Erfolg absichern könnten. Am ehesten läßt sich nachvollziehen, daß bestimmte Muster des Denkens und Verhaltens erreicht werden, die Coach und Coachee vorher bestimmt haben. Da Coaching jedoch ein dynamischer Prozeß ist, muß Erfolg immer wieder neu bestimmt werden und läßt sich nicht verallgemeinern.

Ganzheitlichkeit

In vielen Publikationen wird Coaching als ganzheitliches Verfahren beschrieben (Brinkmann S.19). Die in diesen Veröffentlichungen dargestellten Unternehmen entsprechen jedoch nicht der Realität.

Es werden Regeln für Coachinggespräche aufgestellt (Brinkmann S. 27), die eigentlich selbstverständlich für jedes Gespräch eines Vorgesetzten mit seinen Mitarbeitern sein sollten.

Der Begriff Ganzheitlichkeit ist ein Modebegriff, der nicht wesentlich zum Verständnis von Coaching beiträgt.

Wirtschaftlicher Effekt des Coachings

Arbeitsabläufe sind heutzutage stark strukturiert, mögliche Spielräume sind ausgeschöpft. Das Coaching bietet weitere Möglichkeiten, deren Effektivität und Effizienz zu fördern. Coaching beleuchtet die Dynamik, die sich aus zu sehr strukturierten Arbeitsabläufen ergibt, die oft die Effizienz senken.

Dieser Effekt ergibt sich aus den sozialen bzw. persönlichen Faktoren, die die Dynamik beeinflussen. Momentan gelangt man dabei an die Grenze des ethisch Vertretbaren. Denn Menschen im Arbeitsleben bis an ihre Grenzen zu belasten, steigert nicht die Effektivität. Von daher läßt sich Coaching ohne ethische Fragestellungen nicht denken.

Eberhard Ulich schreibt im Vorwort seines Buches „Arbeitspsychologie": „Eine Wirtschaft, die ihre 'Wirtschaftlichkeit' auf Kosten – oder zu Lasten – der in ihr tätigen Menschen erreicht, entspricht nicht dem Erkenntnisstand und kann schon deshalb nicht als fortschrittlich bezeichnet werden, weil sie einen wichtigen Teil ihrer Ressourcen nicht adäquat zu nutzen gelernt hat." (S. 2) Der wirtschaftliche Effekt von Coaching bezieht sich auf die menschlichen Möglichkeiten. Dieser Fortschritt in der Auffassung ist allerdings mit dem Problem verbunden, daß die alten Denkmuster des Taylorismus nicht angewandt werden können. Menschliche Ressourcen sind nicht wie Maschinen direkt umsetzbar. Außerdem widerspricht diese moderne Auffassung den Prinzipien von Taylor nach Arbeitsteilung und der Trennung von Kopf- und Handarbeit.

In wirtschaftlichen Zusammenhängen ist es naheliegend, wenn nach der Wirksamkeit einer Dienstleistung gefragt wird. Wenn es um Dienstleistungen wie Beratung, Therapie oder Erziehung geht, ist die Frage nach der Wirksamkeit falsch gestellt. Sowohl in der Psychotherapieforschung als auch bei der empirischen Erziehungswissenschaft gibt es keine gesicherten Erkenntnisse. Rainer Dollasse stellt für die Erziehungswissenschaft fest, daß eine Optimierung der Umwelt und der Erziehung kein Garant für eine „gute" Entwicklung ist. Ein und dieselbe Erziehung führt zu unterschiedlichen Ergebnissen. Auch bei ungünstigen Bedingungen stellen sich Erfolge ein, verschiedene Erziehungsweisen führen zum gleichen Ergebnis und auch das Fehlen von Erziehungsabsichten führt zu guten Ergebnissen. (S. 271)

Das zeigt, daß sich Erziehung, Therapie und Beratung in ihren Wirkungen nur vage bestimmen lassen. Der entscheidende Faktor ist die Qualität der jeweiligen konkreten Beziehung zwischen Therapeut und Klient. Wie ist diese Qualität der Beziehung allerdings mit objektiven Kriterien zu erfassen?

Die Erklärung liegt in einer multifaktoriellen Genese. Einzelne Ursachen können nur verkürzte Erklärungsansätze liefern. Die einzelnen Faktoren, die nicht alle bekannt sein müssen, stehen miteinander in einer Wechselwirkung.

Ähnliche Schwierigkeiten treten auf, wenn man menschliches Verhalten generell auf seine Wirksamkeit hin überprüfen will. Was machen Menschen anders, die mit ihren Handlungen etwas erreichen? In dem Experiment „Lohhausen" stellte eine Forschungsgruppe um den Bamberger Professor Dörner einer Gruppe von Versuchspersonen fiktiv via Computer die Aufgabe, eine Ortschaft zu verwalten. Den Versuchspersonen war das Ursachen-Wirkungsnetzwerk nicht bekannt. Das Resultat war, daß einige Versuchspersonen die Ortschaft blühend und andere sie zerrüttet hinterließen. Die festgestellten Unterschiede lagen darin, daß gute „Bürgermeister" mehr Warum-Fragen stellten, mehr Informationen behielten, Prioritätenhierarchien gebildet hatten, kognitiv komplexer, reflexiver waren und sich bei den Maßnahmen kreativer zeigten. Schlechte Bürgermeister waren impulsiver und häufiger monokausal orientiert.

Niklas Luhmann hat einen wesentlichen Effekt des Coachings bestimmt: „Nur wenn man eine zureichende Beschreibung hat, kann man ein bißchen überlegter sehen, was man tun kann." (Univ.10/96 S. 1027) Das heißt, daß Coaching erst das Handeln vorbereitet. Es ist noch nicht Handeln und auch nicht die konkrete Planung eines Handelns. Luhmann als Systemtheoretiker versteht den angeführten Satz auch in diesem Sinne: Eine Handlung in all ihren Auswirkungen zu sehen bedeutet, das System, soweit man es verstehen kann, zu überblicken. Der Beobachter ist selbst ein System und auch Teil dieses Systems. Das ist die Schwierigkeit, die dazu führt, daß es keine einfachen Lösungen gibt. Das „Lohhausen"-Experiment und die systemtheoretischen Ansätze zeigen auf, daß der Coach den Coachee nicht bei der Ausführung einer Aufgabe begleitet. Vielmehr arbeiten beide an den Eigenschaften, die für die Bewältigung einer Aufgabe notwendig sind. Die Aufgabe selbst rückt dabei in den Hintergrund. Der Erfolg von Coaching ist daher nicht an der Erfüllung einer Aufgabe zu messen, auch wenn Coaching einen positiven Einfluß darauf hat. Die durch das Coaching herbeigeführten Veränderungen lassen sich am ehesten an subjektiven Erfolgsbekundungen festmachen.

Der wirtschaftliche Effekt des Coachings ist nicht direkt und konkret zu messen. Im Nachhinein ist jedoch nachvollziehbar, daß durch das Coaching positive Effekte erzielt wurden, die einen maßgeblichen Einfluß auf die ökonomische Situation eines Unternehmens haben.

Die Wirksamkeit von Coaching läßt sich nur schwer quantifizieren. Aus entsprechenden Forschungen lassen sich allerdings die Kriterien ableiten, auf die Coaching ausgerichtet sein sollte: Ursachenforschung, Informationsmanagement, Prioritätenbewußtsein, kognitive Komplexität, hohe Reflexivität und Kreativität. Der Coachee sollte dann die Wirksamkeit anzweifeln, wenn der Coach impulsiv agiert und einfache, wenig komplexe Konzepte, Modelle oder Lösungen anbietet.

Zielvorgaben

Eine besondere Eigenart des Coachings ist es, immer wieder auf die Gefühls- bzw. Beziehungsebene zurückzuspiegeln. Wenn im sonstigen Wirtschaftsleben eher klare und zielorientierte Planungen vorherrschen, ist im Coaching der Prozeß ungeplant. Das ist für die meisten Manager ungewohnt. Ein Erfolg oder Ergebnis wird nicht angestrebt, sondern ist vielmehr ein Produkt des gemeinsamen Handelns. Die Resultate einer solchen Unternehmung zeigen sich nicht direkt oder als quantifizierbare Größe. Es ist ebenso möglich, daß der Coachee nach einigen Sitzungen gar nicht mehr weiß, warum er sich weiter coachen läßt. Aus der Sicht des Coachs ist gerade dieser Engpaß die entscheidende Situation. Denn entscheidet sich der Coachee an dieser Stelle für die Fortführung der Beratung, so wird deutlich, daß die Beziehung zwischen Coach und Coachee so tragend geworden ist, daß der Coachee im Vertrauen auf die Aufrichtigkeit des Coachs die Sitzungen fortsetzt.

Eine klare Zielvorgabe gibt es demnach für Coaching nicht. Einzelne Ziele ergeben sich aus der Situation heraus. Coachee und Coach überlegen dann gemeinsam, ob ein Ziel aus dem Coachingprozeß heraus entstanden ist und in eine Handlung umgesetzt werden sollte. Dann ist dieses Ziel kein Thema für das Coaching mehr. Es kann jedoch auch sein, daß dieses Ziel noch in die Gesamtdynamik einzubauen ist. Die Aufgabe des Coachs ist es, hierbei darauf zu achten, daß ein Einzelziel einen nicht zu großen Raum einnimmt, so daß andere Themen und Ziele vergessen werden oder die Zeit nicht mehr ausreicht. Der Coach trägt die Verantwortung für die Strukturierung. Er weist auf das Zeitbudget hin, fragt die Wichtigkeit einzelner Themen ab und stellt die Verbindung zwischen einzelnen Themen her. Die Inhalte bestimmt der Coachee.

Ziele entwickeln sich erst im Coachingprozeß und werden vom Coachee vorgegeben. Der Coach versteht sich als Supervisor, der die Etablierung und den Umgang mit diesen Zielen kritisch begleitet.

Ablehnen von Coaching

Ein Coach kann aus unterschiedlichen Gründen den Beginn einer Zusammenarbeit ablehnen. Ein ganz einfacher Grund liegt vor, wenn die „Chemie" nicht stimmt. Denn da Coaching etwas sehr Persönliches ist, kann das gemeinsame Tun nicht gelingen, wenn Coach und Coachee emotional nicht zusammenkommen. Wo eine gewisse emotionale Basis fehlt, kann es kaum zu einem Vertrauensverhältnis kommen. In einem solchen Fall ist es sinnvoll, offen und unmittelbar diese Schwierigkeit zu benennen. Damit ist dann das Coaching beendet. Ein solcher Fall von absoluter Antipathie ist allerdings eher selten.

Weiterhin kann es sein, daß der Coach aus ethischen oder weltanschaulichen Gründen z. B. nicht für eine Rüstungsfirma oder für Atomkraftwerke arbeiten möchte. Diese Gründe können im ersten Telefonkontakt benannt werden und ein Treffen überflüssig machen.

Es kann auch sein, daß der Coach den Verdacht hat, hinter einer Firma stecke die Scientology Church, Universelles Leben o. ä. Mit einem solchen Verdacht kann der Coach sich nicht auf eine vertrauensvolle Arbeit einlassen.

Die weitere Möglichkeit ist, daß ein Vorgesetzter den Coach benutzen will, um einen seiner Mitarbeiter „auf die richtige Spur zu bringen". Hierauf kann sich der Coach nicht einlassen, da das Vertrauensverhältnis in Frage gestellt wäre. Er muß dem Auftraggeber klarmachen, wie er Coaching versteht. Wenn kein Einverständnis zu erzielen ist, muß der Coach ablehnen. Werden diese Absichten eines Vorgesetzten erst im Laufe des Coachings offensichtlich, muß der Coach auch dann dem Vorgesetzten den Vertrag kündigen. Damit ein solcher Fall nicht eintritt, sollte der Coach seine Vorstellungen vor einem Auftrag sehr deutlich vertreten.

Eine undurchsichtige Dynamik würde auch entstehen, wenn Coach und Coachee sich privat sehr gut kennen, wenn verwandtschaftliche Beziehungen bestehen oder Coach und Coachee in einem Abhängigkeitsverhältnis stehen. In solchen Beziehungen kann meist nicht deutlich genug zwischen privater und beruflicher Ebene getrennt werden.

Ein anderer Grund kann sein, daß der Coach seine Kompetenz bei Annahme des Vertrages überschreitet. Es mag sein, daß der Coach psychologische Probleme sieht, die er nicht lösen kann. Es ist beispielsweise nicht sinnvoll, einen Alkoholiker zu coachen in der Erwartung, ihn durch Coaching vom Alkohol abzubringen. Auch bei manifesten psychischen Erkrankungen, die ein sinnvolles Coaching verhindern, muß der Coach seine Grenzen sehen und ablehnen.

Ebenso kann auch der Coachee eine Zusammenarbeit ablehnen, wenn er nicht von der Kompetenz des Coachs überzeugt ist.

Der Coach kann die Arbeitsbeziehung aus zwischenmenschlichen und ethischen Gründen ablehnen oder dann, wenn die Situation seine Kompetenz übersteigt. Die Gründe des Ablehnens sollte der Coach offen äußern. Auch der Coachee lehnt die Zusammenarbeit mit dem Coach ab, wenn er sich eine positive Entwicklung nicht vorstellen kann.

Fazit

1. Es ist schwer, Coaching als ein Angebot darzustellen, da es sich von den gewohnten Beratungen unterscheidet.

2. Die Vorstellungen über Coaching variieren sehr stark, weil auch die Anbieter von Coaching unterschiedliche Ansätze vertreten.

3. Coaching kommt aus dem Sport und ist mit psychologischem Wissen angereichert, kann jedoch keine empirischen Nachweise über seine Wirksamkeit erbringen.

4. Das Instrumentarium reicht von einfachen Gesprächstechniken über NLP bis hin zu psychoanalytischen Verfahren.

5. Coaching versucht psychologisch-philosophisches mit betriebs- und volkswirtschaftlichem Denken zu verbinden.

6. Der Ansatzpunkt von Coaching ist das Indviduum im Arbeitsleben, das im Hinblick auf das System reflektiert wird.

7. Der Coach übernimmt an vielen Stellen die Rolle eines benannten Außenseiters, um systemimmanente Mechanismen zu verdeutlichen und zum Schutz davor, selbst ein Teil des Systems zu werden.

8. Der Coach achtet auf die Einhaltung eines klaren Rahmens. Das regelmäßige Treffen, Pünktlichkeit, festgesetzter zeitlicher Rahmen der Sitzungen, einheitliches Honorar sind dabei die äußeren Bedingungen. Die inneren Bedingungen sind: Inhalte und Themen werden vom Klienten vorgegeben, der Redeanteil des Coachs ist geringer als der des Klienten, der Coach animiert den Klienten zum Reden und hält sich mit Meinungen, Deutungen usw. zurück, soweit dies für eine anfängliche Klärung nicht notwendig ist.

9. Ein Effekt des vorgegebenen Rahmens ist die Oasenwirkung eines zur gleichen Zeit wiederkehrenden Termins.

10. Neben diesem zur Ruhe kommen beabsichtigt Coaching durch die bevorzugte non-direktive Gesprächsführung, den Klienten selbst seine Lösungen finden zu lassen.

11. Coaching vertritt damit die Auffassung, daß in den Unternehmen gedacht wird und so wenig wie möglich an externe Berater und Trainer delegiert wird.

12. Damit wird das Vertrauen in die eigenen Möglichkeiten gefördert.

13. Vertrauen ist auch eine wesentliche Voraussetzung für ein gelungenes Coaching.

14. Die Erfahrung vom Aufbau und Umgang mit Vertrauen beim Coaching ist eine konkrete Handlungsebene, die direkt umsetzbar ist.

15. Coaching vermittelt so die Notwendigkeit eines eigenen verläßlichen Stils und einer erlebbaren Kultur.

Literaturhinweise

Backhaus, Klaus, Bonus, Holger (Hrsg.) (1994), Die Beschleunigungsfalle oder der Triumph der Schildkröte, Stuttgart, Schäffer-Poeschel.
Über die Auseinandersetzung mit der Zeit gibt es mittlerweile zahlreiche Bücher. Dieses Buch kennzeichnet die Nähe zu ökonomischen Fragen. Jeder in der Wirtschaft Tätige wird dort seine Fragen zum Thema Zeit finden.

Bowlby, John (1995), Mutterliebe und kindliche Entwicklung, 3.Aufl., München Basel, Reinhardt.
Bowlby hat unter ethologischen Gesichtspunkten die frühe Bindung zwischen Mutter und Kind beschrieben. Mittlerweile versuchen weitere Forscher, dieses Bindungskonzept auf die Beziehungsfähigkeit von Erwachsenen zu übertragen.

Brinkmann, Ralf D. (1994), Mitarbeiter-Coaching: Der Vorgesetzte als Coach seiner Mitarbeiter, Heidelberg, Sauer.
Dieses Coaching-Buch sieht Coaching eigentlich nur als Mitarbeiterführung.

Buchner, Dietrich (Hrsg.) (1993), Manager Coaching. Wie individuelle Ressourcen programmiert werden, Paderborn, Junfermann.
Buchner beschreibt das NLP als Möglichkeit für Coaching.

Czichos, Reiner (1995), Coaching = Leistung durch Führung, 2.Aufl., München Basel, Ernst Reinhardt.
In diesem Buch werden vor allem effektive Führungstechniken beschrieben.

Csikszentmihalyi, Mihaly (1992), Flow. Das Geheimnis des Glücks, Stuttgart, Klett-Cotta.
Mihaly Csikszentmihalyi ist einer der führenden Forscher zum Thema Glück. Das Buch beschreibt grundlegende Voraussetzungen, um Glückserlebnisse erreichen zu können.

Dollase, Rainer, Wirkungslose Erziehung?, in: Universitas März 1991, S. 271–279.
Ein interessanter Artikel über die Urteile und Vorurteile zur Wirksamkeit von Erziehung.

Frankl, Viktor E. (1981), Die Sinnfrage in der Psychotherapie, München, R. Piper & Co.
Viktor Frankl ist der Begründer der Logotherapie. Im Gegensatz zu Sigmund Freud war er der Meinung, daß der Mensch kein reines Triebwesen ist. Der Mensch braucht Sinn, dies ist die Kernaussage Frankls.

Horx, Matthias (1995), Trendwörter von Acid bis Zippies, 2.Aufl., Düsseldorf Wien New York Moskau, Econ.
Wer sich schnell über neueste Begriffe und Trends aus Musik, Kunst, Gesellschaft und Kultur informieren will, der hat mit diesem Buch ein umfassendes Lexikon.

Landsberg, Max (1998), Das Tao des Coaching: Effizienz und Erfolg durch meisterhafte Führung, Frankfurt/Main New York, Campus.
Landsberg versucht Coaching mit chinesischer Philosophie zu verbinden. Wer allerdings bereits Kenntnisse der östlichen Philosophie besitzt, der wird von diesem Buch enttäuscht sein.

Looss, Wolfgang (1993), Coaching für Manager: Konfliktbewältigung unter vier Augen, 3.Aufl., Landsberg/Lech, Moderne Industrie.
Wolfgang Looss hat sicherlich eines der konkretesten und pragmatischsten Coaching-Bücher geschrieben. Seine theoretische Ausrichtung ist in der Gestalttherapie begründet.

Luhmann, Niklas, Andreas Geyer im Gespräch mit Niklas Luhmann, Universitas Oktober 1996, S. 1017–1027.
Dieses Gespräch gibt wesentliche Aspekte der Systemtheorie nach Luhmann wieder.

Neubeiser, Marie-Louise (1990), Management-Coaching. Der neue Weg zum Manager von morgen, Zürich Wiesbaden, Orell Füssli.
Marie-Louise Neubeiser hat eines der ersten Coaching-Bücher geschrieben. Ihr Buch ist weniger eine gründliche Einführung ins Coaching als ein Überblick.

Petz, Michael F. (1997), Führen – Fördern – Coachen, Wie man Mitarbeiter zum Erfolg führt, Wien, Ueberreuter.
Wer ein pragmatisches Buch mit Checklisten, Tabellen usw. sucht, der wird hier viele Anregungen finden. Das „Coachen" im Titel ist allerdings eher irreführend. Es werden Führungsprobleme behandelt.

Pühl, Harald (1994), Angst in Gruppen und Institutionen. Der Einzelne und sein unbewußtes Gruppennetz, Neuaufl. Hille, Ursel Busch.
Harald Pühl beschreibt ausführlich und hilfreich, wie Angst in Institutionen wirken kann. Aus gruppenanalytischer Sicht wird dem Leser deutlich, wie Angst entsteht und wie man sie verstehen kann.

Rückle, Horst (1992), Coaching, Düsseldorf Wien New York Moskau, Econ.
Horst Rückle beschreibt Coaching in einer Art, die vielen Unternehmensberatern entspricht, die Konzepte anbieten und nicht so sehr tiefgehend sind.

Ruede-Wissmann, Wolf (1991), Crash Coaching. Die C.-C.-Methode kreativen Streitens und der Problemlösung, München, F.A.Herbig.
In diesem Buch wird versucht, eine provokante Form der Auseinandersetzung vorzustellen. Das Coaching bezieht sich demnach auf die Unterstützung dieses kreativen Streitens und nicht auf Coaching allgemein.

Schmidt, Gregor (1995), Business coaching: mehr Erfolg als Mensch und Macher, Wiesbaden, Gabler.
Gregor Schmidt beschreibt den logotherapeutischen Ansatz und versucht, Aspekte existentieller Fragen für Coaching anwendbar zu machen.

Schreyögg, Astrid (1995), Coaching: eine Einführung für Praxis und Ausbildung, Frankfurt/Main New York, Campus.
Dieses Buch erscheint in einem wissenschaftlichen Gewand und eignet sich daher für diejenigen, die tiefer in die Thematik einsteigen wollen.

Schwertfeger, Bärbel (1998), Der Griff nach der Psyche. Was umstrittene Persönlichkeitstrainer in Unternehmen anrichten, Frankfurt/New York, Campus.
Diese Buch sollte Pflichtlektüre in Unternehmen sein, damit keine Berater engagiert werden, die zweifelhafte Interessen haben.

Staemmler, Frank-M., Neue Forschungsergebnisse zur Effektivität von Psychotherapie. Die „Consumer-Reports"-Studie, in: Gestalttherapie Heft 2/1997, S. 88–93.
Staemmler referiert verständlich die Forschungsergebnisse einer amerikanischen Einrichtung. Die Ergebnisse können als Stand der heutigen Psychotherapieforschung gelten.

Whitmore, John (1995), Coaching für die Praxis, 2.Aufl., Frankfurt am Main, Campus.
Das Buch von John Whitmore ist typisch für Coaching-Bücher, die aus dem Sportbereich kommen.

Wilker, Friedrich-W. (Hrsg.) (1995), Supervision und coaching: aus der Praxis für die Praxis, Bonn, Deutscher Psychologen-Verlag.
Dieser Band beinhaltet übersichtliche Artikel, die Coaching beschreiben und vor allem psychologisch orientiert sind.

Zemke, Ron, Anderson, Kristin (1997), Coaching für den umwerfenden Service, Frankfurt/Main New York, Campus.
Hier wird konkret beschrieben, wie Mitarbeiterführung gestaltet werden kann.

2. Sitzung: Rahmenbedingungen

Dialog zwischen Coach C und Coachee X

C: Guten Tag, Herr X.

X: Guten Tag, Herr C.

C: Wie ist es Ihnen nach unserem Gespräch ergangen?

X: Nun ja, ich war ein wenig irritiert. Ich weiß gar nicht, ob Coaching für mich das Richtige ist. Mir ist das alles zu psychologisch und philosophisch.

C: Sie meinen, daß dies für das Wirtschaftsleben ein unpassender Stil ist und der Praxisbezug fehlt.

X: Genau, Ihr Ansatz ist sicherlich hilfreich für Leute, die mit sich Probleme haben, nur weiß ich nicht, wie er mir bei meiner Arbeit helfen soll. Auf der anderen Seite, habe ich darüber nachgedacht, ob ich hier an der richtigen Stelle sitze.   Angst

C: Was meinen Sie?

X: Ich war am Sonntag im Theater: Shakespeare. Und in den Dramen von Shakespeare gibt es ja den Narren, der die einzelnen Szenen verbindet. Ich fühlte mich dieser Figur sehr verwandt. Letztendlich mache ich hier nichts anderes.

C: Sind Sie häufiger im Theater?

X: Ja, Theater ist eines meiner Interessen.

C: Was interessiert Sie sonst noch so?

X: Ich weiß nicht, ob das jetzt hierhin gehört.

C: Warum nicht? Sie haben doch gerade beschrieben, wie Sie aus dem Theaterbesuch auch etwas für sich im Unternehmen ableiten.

X: Das stimmt allerdings.

C: Möglicherweise ist das mit anderen Interessen genauso.

X: Ja, lassen Sie mich erst noch etwas zu Shakespeare sagen.

C: Es ging darum, daß Sie einzelne Bereiche verbinden und das Stück erklären.

X: Ja, und mir gefällt das. Nur weiß ich manchmal nicht, wer mein Publikum ist und wie ich das Stück erklären soll.

C: Verstehe ich Sie richtig, daß Sie zu einem Punkt gekommen sind, an dem Sie ein wenig Rückschau halten?

X: So können Sie es nennen. Ich bin jetzt seit einiger Zeit im Geschäft, habe erreicht, wovon ich geträumt habe und schaue mich nun um … ach wissen Sie, eigentlich geht es darum, daß bisher alles relativ gut lief, und nun habe ich da einen Abteilungsleiter, der seine Leute nicht in den Griff bekommt. Und ich habe keine Lust, mir diese Probleme auch noch aufzuladen.

C: Sie kommen nicht zu dem, was Ihnen wichtig ist, weil die Alltagsprobleme Ihre Energien verschlingen.

X: Ja, ich will mich mit diesem Kleinkram nicht mehr beschäftigen.

C: Bei welchen Tätigkeiten fühlen Sie sich in Ihrem Element?

X: Was für eine Frage? Ich muß einige Mitarbeiter entlassen, wie kann ich mit diesen Mitarbeitern umgehen? Dabei fühle ich mich nicht in meinem Element, wie auch?

C: Ist denn Entlassung der einzige Weg?

X: Was meinen Sie?

C: Es geht doch darum, daß Sie glauben, für diese Mitarbeiter keine Beschäftigung zu haben.

X: Der Grund sind die Kosten.

C: Sind die Zusammenhänge in Ihrem Betrieb denn klar und offen?

X: Ich kann doch nicht an das schwarze Brett hängen, wen ich entlassen will.

C: Das sicherlich nicht. Doch wissen alle, wie es um den Betrieb bestellt ist?

X: Das würde sowieso niemand verstehen. Die Materie ist zu kompliziert.

C: Ich komme auf Shakespeare zurück. Es scheint Ihnen doch zu liegen, Zusammenhänge zu erklären.

X: Ich möchte es gerne, doch weiß ich mittlerweile nicht mehr, ob das überhaupt noch möglich ist. Die Sache ist sehr komplex, da braucht man schon ein Studium, um das alles nachvollziehen zu können.

C: Es ist das Problem, wie man von einer abstrakten Ebene auf einen Sachverhalt so herabschraubt, daß die Vereinfachung den Kern nicht wegnimmt.

X: Shakespeare hat das durch den Narren als Szenenläufer gut gelöst. Aber, wie soll ich das auf meine Situation übertragen?

C: Wie gefällt Ihnen denn der Narr?

X: Mir gefällt das, was er tut. Darüber, wie ich mich konkret als Narr fühlen könnte, weiß ich nichts. Das ist ein ungewöhnlicher Gedanke, denn als Manager bin ich der seriöse, mit Fachwissen beschlagene Alleskönner. Das wäre ein ganz anderes Verständnis von Management.

C: Spinnen Sie doch einfach einmal weiter.

X: Könnten denn die Mitarbeiter damit umgehen, wenn ich plötzlich als Narr aufträte?

C: Das scheint mir eine wichtige Frage zu sein, denn Veränderungen führen zu Irritationen.

X: Und deshalb müssen Sie als Coach eine andere Ebene einnehmen, um...

C: Ja, Coaching bedeutet, sich von gewohnten, sicheren Konzepten zu trennen. Und dazu muß man einfach wissen, wie sich Menschen in solchen Situation verhalten, welche Faktoren zu berücksichtigen sind usw. Das ist dann natürlich ein wenig abstrakt. Da komme ich mit meinem Fachwissen und muß Sie neugierig machen. *Verantwortung und Kompetenz*

X: Naja, es ist auch die Art, wie Sie die Dinge angehen.

C: Ich tue das gerne als Narr, ...

X: Irgendwie ist das Ganze noch ungewohnt, aber...

C: Es macht Spaß.

X: Wenn ich so recht überlege, wann kann ich schon einmal so ungezwungen mit jemandem reden? Das fehlt mir einfach mal, das Ernsthafte aus meinem Job zu vergessen. In den letzten Monaten macht mir der Job nicht mehr soviel Spaß. Ihnen scheint Ihre Arbeit Spaß zu machen.

C: Ja, natürlich.

X: Wie machen Sie das?

C: Wie können Sie das für sich wieder herstellen?

X: Stimmt, wenn ich weiß, wie Sie das machen, ist mir noch lange nicht klar, wie ich es machen kann. Lassen Sie uns doch noch mal über den Narren bei Shakespeare reden.

C: Ja, was fällt Ihnen dazu noch ein?

X: Der Narr ist derjenige, der die Beziehung vom Schauspiel zum Publikum herstellt, quasi der Übersetzer, der Erklärer.

C: Und es muß der Narr sein.

X: Weil man einer Figur aus dem Schauspiel Parteilichkeit unterstellen würde. Was ja bedeuten würde, daß ich als Manager an dem Spiel gar nicht teilnehme.

C: Genau.

**Die Not-
wendigkeit
klarer
Terminab-
sprachen**

X: Ich erkläre nur oder deute die Abläufe. Apropos Abläufe, wir wollten doch heute noch über das Honorar, Termine usw. reden.

C: Okay. Lassen Sie uns zunächst einmal Termine vereinbaren, die regelmäßig und in kurzen Abständen sein sollten.

X: Wie lange dauert so ein Gespräch?

**Dauer und
Umfang**

C: Ein Termin dauert sechzig Minuten und Bedingung ist, daß wir ungestört sind.

X: Warum denn gerade sechzig Minuten?

C: Tja, weil mir ein klarer Rahmen wichtig ist. Sie geben die Inhalte vor, und ich achte auf die Einhaltung des Rahmens.

X: Und den Rahmen geben Sie vor?

C: Das ist wie ein Fahrplan, der klar vorgibt, wann ein Zug fährt, und den niemand mit dem Zugführer diskutieren würde.

X: Ich bin schon lange nicht mehr Bahn gefahren. Aber ich verstehe, was Sie meinen.

C: An welchem Wochentag können Sie einen regelmäßigen Termin einrichten?

**Die Frage
nach dem
Honorar**

X: Einen Moment, wie sieht es denn mit Ihrem Honorar aus?

C: 300,– DM die Stunde plus Mehrwertsteuer und Fahrtkosten.

X: Und mit wieviclen Stunden muß ich rechnen?

**Coaching
Vertrag**

C: Das kann ich nicht so genau sagen. Zehn Stunden werden es mindestens sein. Es ist abhängig davon, was wir gemeinsam als sinnvoll erachten.

X: Na gut. Mir wäre der Dienstag sehr lieb... Moment, ich hole meinen Planer. Ja, dienstags um 9.00 Uhr. Geht es bei Ihnen?

C: Ja, das geht. Also zehn Termine dienstags um 9.00 Uhr.

X: Das ging ja flott...

C: Jetzt können wir wieder auf Ihr Thema zurückkommen.

X: Der moderne Ausdruck ist dafür ja „Outplacement". Leider muß ich diesen Mitarbeitern kündigen.

C: Aber Sie haben möglicherweise das Problem nicht gelöst, wenn ein unliebsamer Mitarbeiter geht, der eigentliche Konflikt besteht vielleicht immer noch. Und möglicherweise haben Sie neue Konflikte erzeugt, weil bei den anderen Mitarbeitern Ängste entstehen.

X: Das mag sein.

C: Ich benutze anstelle von Outplacement auch lieber den Begriff Rightplacement. Ich denke, daß jeder Mensch ganz bestimmte Dinge zu einem ganz bestimmten Zeitpunkt kann. Manche entwikkeln sich, manche nicht, manche sind ehrgeizig, manche nicht. Manchen sind Ziele im familiären Bereich wichtig, manchen nicht.

X: Jeder hat seine Wichtigkeit, meinen Sie.

C: Ja, und jeder ist förderlich für die Dynamik eines Betriebes.

X: Wie meinen Sie das?

C: Indem jemand öffentlich vertritt, daß ihm z. B. die Karriere nicht so wichtig ist wie seine Kinder, so kann erst klarwerden, daß seine Werte ernst gemeint sind.

X: Und Rightplacement bedeutet, daß jeder Mitarbeiter aus sich heraus, seinen Werten folgend seine Arbeitsstelle behält, ausbaut, verändert, das Unternehmen wechselt usw.

C: Ja, und daß Vorgesetzte den Mitarbeiter als Person fördern, denn dann ist er an seinem Arbeitsplatz zufriedener und leistet eine bessere Arbeit.

X: Und möglicherweise ist er auch kreativer, vielleicht sogar dahingehend, daß er die betriebliche Lage erkennt, sich möglicherweise einen neuen Arbeitsbereich aufbaut und damit das Unternehmen fördert. Das ist ja eine Form der Unternehmensbeteiligung, die mal nicht über die Geldschiene läuft.

C: Und ich glaube, daß sie effektiver ist. Corporate Identity wird so Realität.

X: Das setzt aber einiges voraus. Wir müssen das Unternehmen und unsere Denkweisen völlig umstrukturieren.

C: Und ein Element ist das Rightplacement, der Versuch, Mitarbeiter zur richtigen Zeit an den richtigen Platz zu bringen, dadurch daß man ihre Entwicklungsmöglichkeiten fördert. Dazu eine kleine Geschichte von Molla Nasredin: Der Molla besaß eine Kuh, die keinen Tropfen Milch gab. Um die Kuh besser verkaufen zu können, gab er sie einem öffentlichen Ausrufer. Dieser pries die Kuh schreiend an. „Wer will eine gute Milchkuh, eine Kuh, deren Milch wie Sahne ist?" „Wahrhaftig, ich habe den wahren Wert meiner Kuh verkannt" rief Molla. Er nahm den Strick, den man um den Hals der Kuh gebunden hatte, dem Ausrufer aus der Hand und führte sie wieder heim. (Molla S. 39)

X: Schöne Geschichte, mit Ihnen scheint es ja lustig zu werden ...

C: Ich hoffe. Da gleich die sechzig Minuten vorüber sind, möchte ich die heute diskutierten Aspekte zusammenfassen:

1. Wo Kooperation herrscht, können depressive Stimmungen vermieden werden. Coaching spürt die Konkurrenzstrukturen auf.

2. Coaching fördert die Zuwendung zum Kollegen und Mitarbeiter.

3. Coaching wirkt auf den konstruktiven Umgang mit Aggressionen ein.

4. Rightplacement als Element des Coachings bedeutet eine lebendige Gemeinschaft von Menschen, die miteinander versuchen, sich in ihren Positionen zu unterstützen.

5. Das Unternehmen wird als eine Lerngemeinschaft gesehen, in der Verhalten erlernt, verlernt und erweitert werden kann. Der Wert der Person wird unabhängig von ihrer Leistung gesehen, denn eine solche Sichtweise lähmt den Prozeß und ist depressionsfördernd.

Außer diesen Themen wie Rightplacement ging es heute um unseren Standpunkt und den Coaching-Vertrag. Also bis zur nächsten Woche.

X: Auf Wiedersehen.

Theorie

Im zweiten Schritt werden viele formale Dinge abgehandelt. Diese organisatorischen Dinge sollten auch möglichst erst in der zweiten Sitzung besprochen werden, weil erst hier klar ist, daß man miteinander den Weg Coaching gehen möchte. Der Coach gibt im allgemeinen vor, wie er sich rein formal die Zusammenarbeit vorstellt. Dazu zählt das Honorar, der zeitliche Umfang, die Termine, der Arbeitsvertrag und was sonst im gegenseitigen Einvernehmen zu klären ist. Diese äußeren Dinge sind dann auch die Voraussetzung, um mit der Entscheidung umgehen zu können, sich auf den Coach und auf das Coaching einzulassen. Die zweite Sitzung ist damit frei für die Herstellung der notwendigen Vertrauensbasis. Denn der Beginn der Coaching-Beziehung setzt auch Ängste frei. Es kommt noch einmal die Frage auf, ob der Coach seriös ist, denn auf dem Markt tummeln sich viele Anbieter, die das Coaching als eine Marktlücke entdeckt haben, ohne über die notwendige Ausbildung zu verfügen, oder die sogar sektenhafte Intentionen verfolgen. Hier muß der Coach dem Manager genügend Sicherheit geben können. Für den Manager empfiehlt es sich, ein gesundes Mißtrauen zu entwickeln und sich ein wenig mit Hilfe des Buches von Bärbel Schwertfeger „Der Griff nach der Seele" zu orientieren. Hier werden Namen von Beratern genannt, die einen zweifelhaften Hintergrund haben.

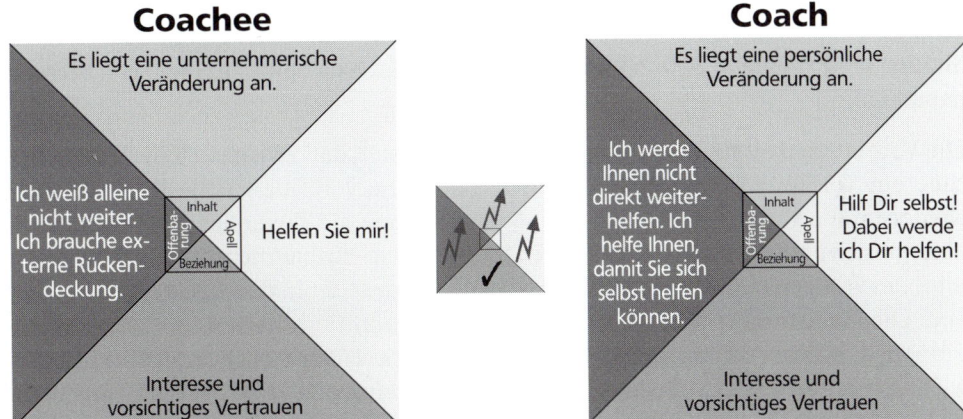

Diese Phase ist auch für die Kommunikation eine der schwersten. Es bewahrheitet sich, ob der Coachingprozeß wirklich eingegangen und verfolgt wird. So gibt es drei Seiten im Modell, auf denen leicht Kommunikationsprobleme entstehen können. Lediglich auf der Beziehungsebene sind gleiche Interessen zu erwarten, da sie von beiden Partnern von Interessenabgleich und vorsichtigem Vertrauensaufbau geprägt ist.

Aber auf allen anderen Seiten der Kommunikation sind Probleme zu erwarten. Zunächst einmal die Inhaltsebene: Während der Coachee in der Regel die unternehmerische Veränderung im Blickwinkel hat, interessiert sich der Coach eindeutig für die persönliche Veränderung. Appell und Selbstoffenbarung: Während der Coachee klare Hilfe für seine Probleme erwartet, will der Coach den Coachee unterstützen, seine Probleme selbst anzugehen. Der Coach muß deutlich machen, daß es keine wirkliche Veränderung bedeutet, wenn die Sachprobleme konkret gemeinsam angepackt werden. Eine nachhaltige und dauerhafte Veränderung ist nur auf der emotionalen Ebene zu erlangen.

Das zweite Gespräch dient also dem Abklären formaler Angelegenheiten und dem ersten Eingehen auf Gefühle, insbesondere Gefühle der Angst, der Unsicherheit, des Vertrauens, des Risikos. Der Coach muß sich durch sein Verhalten und sein Auftreten als ein zuverlässiger Coach beweisen und gleichzeitig deutlich machen, daß Coaching immer auch mit gewissen Risiken verbunden ist.

Dauer und Umfang

Der zeitliche Umfang eines Coaching-Projektes läßt sich nicht genau vorgeben. Wie viele Sitzungen angebracht sind, ist einmal vom Anlaß abhängig und zweitens von der vorliegenden Situation. Es kann sein, daß zwei oder drei Sitzungen ausreichen, wenn es um die Klärung eines eingrenzbaren und konkreten Problems geht. In der Regel gibt es für das Coaching nicht so eindeutige Vorgaben. Die Erfahrung hat gezeigt, daß zehn Sitzungen ein geeigneter Rahmen sind. In der ersten oder zweiten Sitzung wird für beide Seiten verbindlich festgelegt, welchen Umfang das Coaching haben soll.

Die Verbindlichkeit für zehn Sitzungen gewährleistet, daß zwischen Coach und Coachee ein Vertrauensverhältnis entstehen kann. Die vertrauensvolle Beziehung ist wiederum die Voraussetzung dafür, daß der Coachee die Zuversicht und Gewißheit einer positiven Entwicklung auch dann hat, wenn scheinbar nichts passiert oder der Sinn des Ganzen nicht sichtbar ist. Der Coachee investiert in den Coach, ohne daß er eine Dienstleistung erhält, die ihm einen Erfolg garantiert. Zudem ist Coaching ein Prozeß, d. h., am Anfang weiß weder der Coach noch der Coachee, wohin die Entwicklung gehen wird. Zu Beginn ist oft noch nicht einmal klar, worin der Erfolg überhaupt bestehen könnte. Erst im Verlauf der Gespräche wird sichtbar, worauf sich Coachee und Coach eingelassen haben. Diese Schwierigkeit resultiert aus dem Verständnis von Coaching, daß Ist-Analyse, Soll-Analyse, Projektierung, Durchführung und Überprüfung zeitlich nicht linear, sondern zirkulär verlaufen. Im Laufe der Gespräche stellt sich vielleicht heraus, daß die Ist-Analyse unvollständig war. Diese Unvollständigkeit wird erst deutlich, nachdem der Coachee durch die Gespräche mit dem Coach erkannt hat, wie sehr z. B. die neue Arbeitszeitregelung die Kommunikation im Unternehmen verändert hat.

Für den Coach ist die festgelegte Zahl der Sitzungen notwendig, um wirklich ein Verständnis für den Coachee und seine Situation entwickeln zu können. Der Coach begreift sich als Begleiter, der weder die Frage noch die Antwort kennt und deshalb darauf angewiesen ist, zunächst unwissend „mitzuschwimmen" und langsam die Fäden aufzunehmen, mit denen der Coachee dann in seinem Umfeld weiter agieren kann.

Der Coach zeigt seine Kompetenz und persönliche Stärke durch sein Durchhaltevermögen in solchen Situationen und bietet keine voreiligen Lösungen an, die sich im Nachhinein negativ auswirken könnten.

Die Verbindlichkeit des zeitlichen Rahmens bietet Coachee und Coach in unübersichtlichen Situationen Sicherheit. Gleichzeitig ist diese Verbindlichkeit der Ausdruck eines gegenseitigen Vertrauens.

Angst

Coaching richtet die Aufmerksamkeit auf die „Spielregeln" einer Organisation. In einem Unternehmen bedeutet dies, daß verläßliche Kommunikationsstrukturen herrschen, die die Basis und Voraussetzung für vertrauensvolle Bindungen und Kooperationen sind. Die geltenden „Spielregeln" sind jedoch nicht immer mit den Unternehmenszielen kompatibel.

Eine Veränderung dieser Kommunikationsstrukturen beinhaltet zwei gleichzeitig zu lösende Aufgaben. Neben den rein technischen Änderungen müssen informelle Konventionen und Möglichkeiten geschaffen werden. So kann die Installierung eines Intranetzes zu weniger persönlichen Kontakten führen. Da die Mitarbeiter ihre Kollegen nicht mehr aufsuchen müssen, um Informationen auszutauschen, sehen sie ihre Kollegen seltener und reden weniger miteinander. Viele Informationen gehen so verloren, und das Bedürfnis, sich persönlich auszutauschen, wird nicht befriedigt. Werden diese menschlichen Neigungen nicht in Veränderungsprozesse mit einbezogen, wird der Vorstoß der Unternehmensleitung als ambivalent wahrgenommen und dürfte in den meisten Fällen dazu führen, daß die Mitarbeiter ein derartiges Vorhaben nicht unterstützen oder sogar boykottieren.

Coaching bezieht sich nun nicht auf die Entwicklung neuer Spielregeln, vielmehr geht es um die Identität des einzelnen und der Gruppe. Diese ist gefährdet, wenn neue Rahmenbedingungen eingeführt werden, da hiermit zunächst immer eine Zeit der Orientierungslosigkeit verbunden ist. Für Menschen, die kein stabiles Selbstbewußtsein entwickelt haben, stellt eine solche Situation eine Bedrohung dar. Auch Menschen mit einem stabilen Selbstbewußtsein erleben Angst. Jedoch sind sie in der Lage, temporär regelarme Zustände darauf vertrauend auszuhalten, daß sich die Situation stabilisieren wird und sie selbst angepaßte Strukturen entwickeln können.

Bei schnellen oder häufigen Veränderungen entsteht eine Angst vor der Leere, vor dem Chaos, weil das Ich als etwas Bleibendes nicht mehr erfahren werden kann. Bei immer schneller werdenden Veränderungen ist keine Zeit gegeben, um das Konsistente, die eigene oder die Identität des Unternehmens bewußt zu erleben. Angestrebte Veränderungen sind immer mit der Auflösung oder Aufweichung bisheriger Strukturen verbunden. Die Aufgabe eines Coachs besteht darin, den Coachee in „regellosen" Zeiten zu begleiten, ihn bei der Suche nach Strukturen zu unterstützen und ihm in seiner Angst vor dem Chaos beizustehen. Es ist nicht das Ziel des Coachings, schnell etwas zu verändern.

Im Coachingprozeß ist darauf zu achten, ob solche veränderten Strukturen Unruhe, Unmut, Krankmeldungen u.ä. hervorrufen. Der besondere Coaching-Aspekt ist dabei die Befindlichkeit, das subjektive Empfinden des Vorgesetzten und der Mitarbeiter. Im Vordergrund steht demnach nicht die Analyse von Strukturen und deren Auswirkungen, sondern das individuelle Erleben. Es kommt darauf an, Angst als Wegweiser zu nutzen. Dort, wo Angst geäußert wird, können Fehlentwicklungen frühzeitig verhindert werden. Angst bewahrt uns vor Gefahren. Menschen entwickeln Strategien, um sich vor Gefahren zu schützen. Diese Strategien können mehr oder weniger der realen Situation angemessen sein. Viele Ängste sind allerdings unrealistisch und erscheinen anderen als überzogen, unbegründet oder nicht nachvollziehbar. Eine vertrauensvolle Atmosphäre bietet die einzige Voraussetzung dafür, daß auch abwegige Befürchtungen geäußert werden. Der Coach achtet auf körperliche Reaktionen wie Herzklopfen, Schwitzen u.ä., weil sie eine berechtigte Angst anzeigen können. In der Wirklichkeit des Wirtschaftslebens ist es vielen zu entblößend, Ängste zu äußern. Es ist jedoch sinnvoll, Ängste zuzulassen und sie als Warnung vor der Bedrohung des Ichs ernstzunehmen. Diese Angst kann aber auch Antrieb geben, Neues zu wagen. Angst ist also keineswegs nur ein negativ belegter Begriff.

Der Coach achtet auf Symptome von Angst beim Coachee. Er thematisiert Angst als einen natürlichen Effekt bei Veränderungen. Die konstruktive Seite von Angst wird herausgestellt, gleichzeitig werden die Auswirkungen verdrängter Angst auf die Strukturen im Unternehmen angesprochen.

Die Frage nach dem Honorar

Da Coaching nicht mit einer Erfolgsgarantie oder einem direkt nachvollziehbaren Nutzen verbunden ist, gibt es auch keine Gebührenordnung. Der Preis für das Coaching unterliegt einer individuellen Beliebigkeit. Der Stundensatz von ca. 300,- DM plus MwSt. und Fahrtkosten kann als realistisch und üblich angenommen werden. Die Höhe des Honorars sollte prinzipiell verhandelbar sein, denn am Honorar zeigt sich oft, wie wichtig sowohl dem Coachee als auch dem Coach ihre Anliegen sind. Die Thematisierung des Honorars kann auch darin begründet sein, daß der Coachee unsicher in bezug auf den Coach und das Coaching ist. Das Gespräch über die Höhe des Honorars stellt somit eine erste gegenseitige Prüfung dar.

Die finanzielle Situation des Coachs sollte nicht so aussehen, daß er keinen Freiraum hat, Coaching abzulehnen. Er ginge ansonsten eine Beziehung ein, die für ihn vor allem davon bestimmt wird, seine ökonomische Lage zu sichern. Daher ist es für einen Coach sinnvoll, wenn sein Einkommen durch andere berufliche Tätigkeiten gesichert ist. Ansonsten gerät er zu sehr in Abhängigkeiten.

Im Vordergrund von Coaching steht immer die persönliche Beziehung, die auch vom Umgang mit dem Geld geprägt ist. Ein Coach, der nicht abgeklärt mit diesem Thema umgeht, erzeugt Unstimmigkeiten und Unsicherheiten. Der Erfolg von Coaching ist wesentlich abhängig von den Rahmenbedingungen, die der Coach setzt. Geld ist ebenso wie eine klare Festlegung der Termine ein wichtiges Element dieses Rahmens.

Der Coaching-Vertrag

Zwischen Coach und Coachee wird in der Regel kein schriftlicher Vertrag geschlossen. Die Dinge, die es zu regeln gilt, werden am besten mündlich vereinbart. Zu Beginn erklären beide verbindlich, daß sie die vereinbarten Stunden miteinander bestreiten werden. Unstimmigkeiten, Kritik usw. gehören in das Gespräch und können nicht juristisch oder von außen geklärt werden. Diese Auffassung wird von vornherein durch die mündliche Absprache dokumentiert. Damit ist Coaching von Anfang an sehr offen und birgt für beide Seiten die gleichen Risiken und Möglichkeiten.

Das Arbeitsbündnis

Die Beziehung zwischen Coach und Coachee ist nicht mit normalen Geschäftsbeziehungen zu vergleichen. Von daher ist es wenig sinnvoll, das eher persönlich zu nennende Verhältnis zwischen den beiden durch einen Vertrag zu regeln. Der Begriff Arbeitsbündnis ist daher angemessener. Damit wird deutlich, daß Coach und Coachee eine gemeinsame Arbeit leisten. Forderungen oder Ansprüche können aus einer solchen Beziehung nicht gestellt werden. Und ebenso wie bei anderen Arbeitsbeziehungen gründet der Erfolg in der Bereitschaft und Fähigkeit der Zusammenarbeit. Eine gelungene Zusammenarbeit ist das Ergebnis eines Arbeitsbündnisses und kann nicht zur Bedingung gemacht werden. Festgelegt werden können nur die äußeren Rahmenbedingungen des gemeinsamen Handelns und diese werden vom Coach vorgegeben.

Im Bundesrat liegt momentan ein Gesetz über Verträge auf dem Gebiet der gewerblichen Lebensbewältigungshilfe zur Beratung vor. Dieses Gesetz betrifft auch die Arbeit des Coachs. Das Gesetz wird von einer Enquete-Kommision „Sekten und Psychogruppen" beraten, die sich mit dem „Unwesen" der Berater- und Trainerszene beschäftigt hat und daher dieses Gesetz auf den Weg bringen will. Der bisherige Entwurf sieht folgende Regelungen vor:

● Die Verträge bedürfen der Schriftform.

- Die Vertragsurkunde muß Angaben enthalten über die genaue Bezeichnung und Anschrift der anbietenden Person, zur genauen Beschreibung der Leistung und des angestrebten Ziels, der angewandten Methode und der theoretischen Grundlagen. Weiterhin müssen Angaben über die berufliche Qualifikation des Anbieters, über Art und Dauer der Veranstaltungen und über den Gesamtpreis genannt werden.

- Der Vertrag kann von der hilfesuchenden Person ohne Angabe von Gründen mit einer Frist von vier Wochen gekündigt werden.

- Im Fall der Kündigung schuldet die hilfesuchende Person nur den Teil der Vergütung, der den bis zum Wirksamwerden der Kündigung erbrachten Leistungen bei gleichmäßiger Verteilung auf die Einzelleistungen entspricht.

Dieser Gesetzentwurf ist vor dem Hintergrund verständlich, daß Scientology, Landmark u.a. zahlreiche Manager in sektenähnliche Abhängigkeiten gebracht haben. Ob ein solches Gesetz allerdings die Machenschaften dieser Gruppen verhindern kann, ist sehr fraglich. Wichtig ist eher, daß ein Coachee sich das Recht nimmt, den Coach nach seiner Ausbildung, seinem theoretischen Hintergrund usw. zu befragen. Die neue Bundesregierung hat zu dem neuen Lebensbewältigungsgesetz eine ablehnende Stellungnahme abgegeben. Entscheidend ist vor allem, ob der Coach klar und offen sein Handeln beschreibt. Eine Geheimniskrämerei müßte jeden Coachee mißtrauisch machen. Auch eine Sprache mit Superlativen wie „Sie können alles erreichen" ist ein Hinweis auf ein unseriöses Angebot.

Beim Coaching ist es von daher sinnvoller, nicht von einem Vertrag, sondern von einem Arbeitsbündnis zu sprechen. Ein schriftlicher Vertrag würde sich negativ auf die Dynamik zwischen Coach und Coachee auswirken. Daß bei einem solchen Arbeitsbündnis beide Seiten wissen sollten, wer der andere ist, d. h. welche Ausbildung er hat, welchen theoretischen Hintergrund u.ä., ist eigentlich selbstverständlich.

Wie Beziehungen zwischen Menschen letztlich nie planbar sind, so auch nicht die Coaching-Beziehung. Eine Erfolgsgarantie oder auch bestimmte Inhalte können in einem Vertrag nicht festgelegt werden. Ein schriftlicher Vertrag würde zu sehr die formalen oder die strukturellen Aspekte betonen und Coaching nicht genügend von anderen Beratungsformen unterscheiden.

Coach und Coachee schließen keinen Vertrag miteinander ab, sondern sie gehen ein Arbeitsbündnis ein. Eine solche Vereinbarung ist offen für mögliche Entwicklungen und impliziert die Risikobereitschaft für ungeplante und innovative Prozesse. Der Coachee hat das Recht zu wissen, welche Ausbildungen, welchen theoretischen Hintergrund und welche Vorstellungen der Coach über das Vorgehen hat. Reagiert der Coach auf kritische Anfragen ausweichend oder nicht eindeutig, sollte der Coachee seine Entscheidung gründlich überdenken.

Verantwortung und Kompetenz

Wer seine Leistungsgrenzen erkennt, glaubt sich häufig in der Lage, diese überwinden zu müssen, weil ein Eingeständnis dieser Grenzen als Schwäche formuliert wird und einen Prestigeverlust zur Folge hat. Die Konfliktsituation wird zusätzlich dadurch verschlimmert, daß sich der einzelne seiner Umgebung gegenüber dennoch mit einem scheinbar unerschütterlichen Selbstbewußtsein präsentiert. Dieses Aufrechterhalten einer „Lüge" kostet eine ungeheure Kraft, die für Konfliktlösungen in der Gruppe verloren geht. Der Grund liegt in der Vorstellung, sich mit anderen messen zu müssen.

Wer permanent überdurchschnittliche Leistungen erbringt, sorgt dafür, daß diese als selbstverständlich angesehen werden, die dafür erhoffte Anerkennung bleibt jedoch aus. Die Leistungsschraube wird immer höher gedreht. Wird dieser Mißstand akzeptiert, schlägt die defizitäre Situation um und die Qualität leidet. Dies wiederum schürt die Versagensängste, und die einzelne Person verliert die Fähigkeit zur objektiven Betrachtung ihrer Arbeit.

Der Coach als Rightplacement-Berater analysiert mit dem Klienten, inwieweit einmal der Klient selbst, wie auch die Mitarbeiter die Leistung erbringen, zu der sie in der Lage sind, welche atmosphärischen Bedingungen herrschen, die es möglich machen, daß ein Mitarbeiter mit Verantwortung so umgehen kann, wie es seinen Lebenszielen entspricht. Dabei stößt man unweigerlich auf das Problem, daß ein Unternehmen mit dem, was ein Mitarbeiter einbringen will, nicht zufrieden sein kann. Hier geht es dann darum, wie man eine gegenseitige Einigung erreicht. Das kann das Einkommen betreffen, die Stellung in der Unternehmenshierarchie, den Arbeitsvertrag, Urlaubsregelungen usw. Erschwert wird dieses Vorgehen jeweils dort, wo es ein Regelwerk gibt, das dem einzelnen keinen Handlungsspielraum mehr läßt.

Ein wichtiges Motivationselement zur Kompetenzerweiterung ist die Berufung zum Beruf. Wer seiner inneren Stimme traut, läßt Gelassenheit zu, da er sich seiner Sache sicher ist. Berufung beunruhigt auf der anderen Seite und verhindert die Verflachung des Berufs zum Job. Der Gedanke der Berufung zwingt zum ständigen Überprüfen und Verbessern der eigenen Handlungsweisen.

Verantwortung heißt als sinnvolles Handeln immer auch, daß die eigenen Fähigkeiten dort eingesetzt werden, wo sie die größtmögliche Wirkung haben können. Im Coaching wird dies als Rightplacement bezeichnet, d. h. der Einsatz der Fähigkeiten am richtigen Ort und zur richtigen Zeit.

Vertrauen

Beim Coaching spielt Vertrauen eine wesentliche Rolle. Vertrauen ist die Einstellung, die einem anderen Menschen entgegengebracht wird. Vertrauen konstituiert damit die Beziehung. Je höher das Vertrauen, desto mehr Wagnisse gehen beide

Beziehungspartner ein. Vertrauen ist die Grundlage gemeinschaftlicher Verbunden-
heit oder einer Corporate Identity in Organisationen und Betrieben.

Vertrauen gibt Sicherheit für das zwischenmenschliche Miteinander. Vertrauen ist
eine Art vorläufige und angenommene Sicherheit, um in unklaren und neuen Situationen handlungsfähig zu sein. Ist Sicherheit bereits vorhanden, bedarf es dieser Art
der Vertrauensvorleistung nicht mehr. So wie Sicherheitsgefühle aufgrund bestimmter Erfahrungen entstehen, erwächst auch Vertrautheit aus Erfahrungen mit
bestimmten Situationen, Personen und Organisationen.

In der Entwicklungspsychologie wird Vertrauen als Bindungsfähigkeit beschrieben.
Das Verhältnis zur Erziehungsperson in den ersten Lebensjahren prägt das Bild des
Kindes von Beziehung. Und es ist erstaunlich, wie stabil das erlebte Modell bis ins
Erwachsenenalter bleibt. Auch das Verhältnis von Coachee und Coach ist von den
jeweiligen Beziehungsmodellen geprägt.

Für den Coachingprozeß bedeutet dies, daß, wenn der äußere Rahmen klar und eindeutig ist, damit Sicherheit vermittelt wird und so Vertrauen entsteht. Die Bindungsfähigkeit des Coachs ist eine wesentliche Voraussetzung für die Beziehung. Ferner
muß der Coach sich mit den Möglichkeiten auseinandersetzen, die die Bindungsfähigkeit des Coachees eröffnen. Nur so können beide eine Freundschaft pflegen, die
sich jedoch von anderen Freundschaften dadurch eindeutig unterscheidet, daß sie
zeitlich begrenzt ist. Dies ist der notwendige Rahmen, um die Tätigkeit des Coachs
als Dienstleistung zu definieren.

Vertrauen ist außerdem die Voraussetzung, um mit dem Schamgefühl umgehen zu
können. Quelle dieses Gefühls können Abhängigkeitsphantasien und -gefühle,
Inkompetenzgedanken, Unsicherheit in bezug auf die eigenen Ideale, inneren Wertvorstellungen u.ä. sein. Schon im ersten Coaching-Gespräch gesteht der Coachee
ein, daß er in irgendeiner Weise Hilfe braucht. Coaching bezieht sich also nicht nur
auf eine rein fachlich-technische Hilfe. Sogar im Coaching-Prozeß kann die Enttäu-
schung über die erhofften Erfolge eine Quelle der Scham werden. Der Coach hat
auch die Aufgabe, durch Grenzsetzungen den Coachee zu schützen. So kann der
Coach es als sinnvoll erachten, den Redefluß des Coachees zu bremsen, da eine zu
bereitwillige und zu große Offenheit zu einem späteren Zeitpunkt peinlich werden
kann.

Um die Intimität des Coachees zu schützen und Scham aufzufangen, ist es angebracht, den Coaching-Prozeß in einer vernünftigen Ratlosigkeit zu halten. Dies setzt
bei Coach und Coachee eine gewisse Spannungstoleranz bei Stillstand des Prozesses oder einer möglicherweise auftretenden Ziellosigkeit voraus, damit Probleme
nicht durch einfache Lösungen beseitigt werden (siehe dazu Micha Hilgers, Scham,
Göttingen Zürich, 1996). Die dialektische Spannung beim Coaching, das manchmal
ohne Ziel erscheint und dennoch nicht zielloses Herumtreiben bedeutet, läßt sich
nicht aufheben. Hier beweist der Coach seine Professionalität, indem er nicht auf

Kompromisse eingeht. Deshalb sind Techniken wie Visualisierung, Mentaltraining, Autogenes Training in Zusammenhang mit Coaching äußerst skeptisch zu sehen, da immer der Verdacht naheliegt, daß mit diesen Techniken seitens des Coachs die Auseinandersetzung mit Scham vermieden wird.

Beim Coaching ist die wichtigste Voraussetzung das gegenseitige Vertrauen. In diesem Vertrauen ist der Schutz des Coachees aufgehoben. Der Coach vermeidet daher Methoden und Techniken im engeren Sinne, weil diese den Gedanken an Manipulation nahelegen könnten. Die Beziehung zwischen Coach und Coachee sollte so gestaltet sein, daß der Coachee dem Coach und nicht seinem Handwerkszeug vertraut.

Seriosität

An einem Beispiel soll erklärt werden, was unter Seriosität zu verstehen ist. In vielen Veröffentlichungen zum Thema Lernen wird gerne das Modell der beiden Gehirnhemisphären angeführt. Dabei wird von der wissenschaftlichen Eindeutigkeit ausgegangen, daß beispielsweise die rechte Gehirnhälfte für Gefühle, Intuition u.ä. zuständig wäre. Tendenziell trifft dies auch zu, nur sind die Zusammenhänge wesentlich komplizierter und lassen sich keineswegs auf diese einfache Unterteilung reduzieren. Weil es jedoch so einfach ist, solche Modelle anzubieten, wird jede wissenschaftliche Zurückhaltung aufgegeben. Wissenschaftstheoretisch heißt dies, die Psychologie spricht Hypothesen aus, die falsifiziert werden, d. h. man spricht von der Wahrscheinlichkeit eines Verhaltens, eines Vorkommens. Immer wenn es um den Umgang mit Menschen geht, lassen sich nur ungenaue Voraussagen über das Verhalten machen. Für Menschen, die exakte und technisch anwendbare Daten gewöhnt sind, ist das sehr unbefriedigend.

Dem Coach ist damit die schwierige Aufgabe übertragen, einen Transfer zu schaffen, der wissenschaftlich seriös bleibt und dennoch einen Prozeß konstruktiv fördert.

Zuverlässigkeit

Ein zuverlässiger Mensch gibt seinen Mitmenschen die Möglichkeit, sein Verhalten einzuschätzen und vorherzusagen. Zuverlässigkeit könnte man als eine Persönlichkeitseigenschaft beschreiben. Verläßlichkeit erleichtert das gemeinsame Tun. Kommt ein Mitarbeiter beispielsweise regelmäßig zu spät, erzeugt er den Unmut der anderen.

Ein weiterer wichtiger Aspekt ist das, was in der Psychologie als „erlernte Sorglosigkeit" beschrieben wird. 50–95 Prozent aller Arbeitsunfälle sind auf menschliches Versagen zurückzuführen. Oft sind diese Unfälle mit einer Mißachtung der Sicherheitsvorschriften in Zusammenhang zu bringen. Studien zeigten z. B., daß weniger als die Hälfte der Arbeiter die vorgeschriebene Schutzkleidung tragen. Der Grund vieler Arbeitsunfälle liegt demnach in der Auffassung: „Mich trifft es schon nicht".

Folgende Faktoren unterstützen diese Sorglosigkeit:

- Menschen machen die Erfahrung, daß Vorschriften mißachtet werden können und nichts passiert. Daraus ziehen sie den Schluß, daß auch in Zukunft nichts passieren wird.

- Sorglosigkeit ist mit dem Streben verbunden, einen positiven Zustand nicht durch Beachtung von Gefahren, sorgfältigerem und aufwendigerem Verhalten zu stören.

- Sorglosigkeit wird als soziale Norm erlernt nach dem Motto: „Uns ist auch noch nie was passiert". Menschen, die sich sorgen, werden von anderen belächelt. Ein besonders korrekter Mitarbeiter stört zudem die gewohnten Abläufe.

- Menschen neigen dazu, die eigenen Einfluß- und Kontrollmöglichkeiten zu überschätzen.

- Menschen sehen zwar die Gefahren, glauben aber dennoch, daß sie selbst davon nie betroffen sein werden.

- Viele Menschen neigen zu einem Fatalismus: „Es ist zwar gefährlich, aber machen kann ich sowieso nichts".

Diese erlernte Sorglosigkeit führt zu einer Unverbindlichkeit bei der Einhaltung vorgeschriebener oder vereinbarter Regeln. Die Konsequenzen dieser Unverbindlichkeiten sind dann Qualitätseinbußen und Reibungsverluste an den Schnittstellen im Unternehmen.

Die erlernte Sorglosigkeit ist verbunden mit einer gewissen Disziplinnachlässigkeit. Von erfolgreichen Menschen weiß man, daß sie in der Lage sind, ihre Impulse zu kontrollieren. Sie handeln in vertrauten Situationen schnell und rasch. Sie überdenken ihre Handlungsweise, wenn sie die Situation nicht überblicken können und nehmen sich dann mehr Zeit. Bei den heutigen komplexen Zusammenhängen potenzieren sich Verhaltensweisen wie die erlernte Hilflosigkeit, Unzuverlässigkeit, Unverbindlichkeit und ihre Interaktionen. Häufig kommt es dann zu einer Arbeitsüberlastung, weil Nachlässigkeiten schwerwiegende Folgen haben und diese Folgen behoben werden müssen. Wenn die anfallende Arbeit nicht mehr als Reparaturarbeit wahrgenommen wird, bestehen scheinbar berechtigte Gründe für eine Arbeitsreduzierung. Solche Fehlwahrnehmungen sind für ein Unternehmen mit erheblichen Kosten verbunden.

Coaching muß diese unbewußten Strukturen und deren Dynamik deutlich machen. Zuverlässigkeit ist eine Verhaltensweise, die Sicherheit dort gibt, wo Verhalten nicht mehr gedeutet werden kann.

Die Fähigkeit, sich verantwortlich auf etwas einzulassen, ist ein Charakteristikum von Menschen mit Erfolgsintelligenz, das sich durch sämtliche Lebensbereiche zieht. Zuverlässigkeit ist somit eine der wichtigsten Voraussetzungen für eine fruchtbare Zusammenarbeit. Im Coaching-Prozeß muß dem Coachee mehr und mehr deutlich werden, daß er sich auf den Coach verlassen kann. Das zeigt sich beispielsweise darin, daß der Coach die Termine einhält, pünktlich ist, seine Schweigepflicht bewahrt, in seinem Verhalten eindeutig bleibt und Vereinbarungen einhält.

Coaching wird getragen von der Zuverlässigkeit des Coachs. Damit richtet sich der Coach gegen eine Sorglosigkeit, die häufig in Unternehmen anzutreffen ist, weil keine unmittelbaren Konsequenzen des Verhaltens zu erkennen sind. Der Coach weiß, daß ein Verhalten nicht nur nach seinen Konsequenzen zu beurteilen ist, sondern auch nach der Haltung, die einem bestimmten Verhalten zugrunde liegt.

Die Notwendigkeit klarer Terminabsprachen

Die Terminabsprachen beim Coaching verstehen sich für beide Seiten als streng verbindlich, weil Menschen eher dann ein Risiko eingehen, wenn der Rahmen verläßlich ist. Der äußere feste Rahmen ermöglicht es, daß für das Gespräch mehr Möglichkeiten und Freiheiten entstehen. Jeder Termin bietet die Möglichkeit, eine Aufgabe abzuschließen.

In der westlichen Welt hat man das Gefühl für Zeitpunkte, die sich abwechseln, weitestgehend verloren. Tage der Ruhe, wie z. B. der Sonntag, werden als Gegengewicht zum hektischen Alltag kaum noch wahrgenommen. Auch hierfür will Coaching wieder sensibilisieren. Mit dem Rückzug aus der alltäglichen Wirklichkeit soll die Wachsamkeit gefördert werden, um den notwendigen Schritten mehr Aufmerksamkeit entgegenzubringen und manche Dinge in neuem Licht zu sehen. Ferner sollen die Termine im regelmäßigen Rhythmus die Grenzen zwischen Selbstbestimmung und Fremdbestimmung aufzeigen.

Terminabsprachen stellen den verläßlichen äußeren Rahmen dar, der eine offene und intensive Auseinandersetzung möglich macht. Die Verbindlichkeit, die Regelmäßigkeit und das Einhalten der zeitlichen Begrenzung einer Sitzung auf 60 Minuten gewähren einen konstruktiven und klar definierten Rückzug aus der alltäglichen Wirklichkeit. Aus dieser punktuellen Distanzierung und dem erneuten Zugehen auf die betriebliche Alltäglichkeit heraus ergibt sich oft eine neue Sicht der Dinge und ein abgeklärteres Verhalten.

Fazit

1. Coaching verlangt von beiden Seiten eine klare Verbindlichkeit, um eine konstruktive und kreative Dynamik zu ermöglichen.

2. Der Coach bestimmt die Rahmenbedingungen der Beziehung, um nicht zu sehr in die Dynamik des Unternehmens hineingezogen zu werden.

3. Coaching setzt wie jede Veränderung Ängste frei.

4. Coaching bedeutet, das Risiko des Neuen einzugehen.

5. Der Coach „verunsichert" den Coachee, um blinde Flecken aufzudecken.

6. Coaching richtet die Aufmerksamkeit auf die „menschliche" Seite der Veränderung.

7. Das Ziel von Coaching ist, daß sich der Coachee als Mensch insgesamt angesprochen fühlt.

8. Der Coach zeichnet sich durch eine reife Persönlichkeit aus, die sich in Zuverlässigkeit, Klarheit, Leidensfähigkeit, Gelassenheit, Stil u.a. ausdrückt.

9. Beim Coaching ist es notwendig, sich aus dem Alltagsgeschäft zurückziehen zu können.

Literaturhinweise

Hilgers, Micha (1996), Scham. Gesichter eines Affekts, Göttingen und Zürich, Vandenhoeck & Ruprecht.
Ein ausführliches, anschauliches und grundlegendes Buch über Scham. Jeder, der Verantwortung für Menschen hat, ist nicht schlecht beraten, wenn er den Gedanken von Micha Hilgers einmal folgt.

Sloterdijk, Peter, Theorie ist der Schlaf der Vernunft. Andreas Geyer im Gespräch mit Peter Sloterdijk, Universitas November 1995, S. 1021–1035.
In diesem Gespräch wird das Buch „Weltfremdheit" besprochen. Es bietet einen guten Eindruck über die Ansichten Sloterdijks zu diesem Thema.

Sloterdijk, Peter (1993), Weltfremdheit, Frankfurt/M, Suhrkamp.
Sloterdijk besticht mit seinen umfassenden Analysen. Er versteht es, den Bogen von der Philosophie/Psychologie zu den gesellschaftlichen Bedingungen zu schlagen. In diesem Band stellt er die Entwicklung der Abwendung von der Welt dar, welches – positiv verstanden – als Möglichkeit dient, wieder neu auf die Welt zuzugehen. In seinen Stil muß man sich etwas einlesen.

3. Sitzung: Beginn der Veränderung

Dialog zwischen Coach C und Coachee X

X: Die letzte Sitzung ging mir noch lange durch den Kopf, weil ich verstanden habe, daß Sie mir gar nicht konkret sagen können, welchen Vorteil durch das Coaching habe.

C: Ja...

X: Mir ist so durch den Kopf gegangen, wieviel Geld ich durch Sie sparen kann. Vieles kann ich selber, ohne externe Berater, wenn ich bereit bin – das ist mir klar geworden – das Risiko zu tragen. Mir leuchtet das ein, und ich habe es bei vielen Unternehmern mitbekommen. Da wird das ganze Risiko und die Verantwortung für ein Projekt oder eine Entscheidung auf die Berater abgeschoben. Und die wundern sich dann, daß nach kurzer Zeit wieder alles hinfällig ist.

Potentiale

C: Häufig wird dies gemacht, um schnell etwas zu erreichen.

X: Meistens klappt das dann auch. Nur das Neue zerplatzt oft schnell wie eine Seifenblase.

C: Man braucht Geduld.

Informationen

X: Das ist wie mit meinem Sohn. Ich werde oft ungeduldig. Er bastelt etwas, es gelingt ihm nicht, und dann kann ich nicht einfach nur zuschauen. Ich erkläre ihm dann, was er tun muß, oder ich baue selbst den Turm. Mir ist allerdings klar, daß er bestimmte Dinge einfach noch nicht kann. Es ist meine Ungeduld.

C: Nur, so denke ich mal weiter, sind Mitarbeiter keine Kinder.

X: Genau, den Gedanken hatte ich dann auch.

C: Eine Ähnlichkeit kann es jedoch geben...

X: Und welche?

C: Die Mitarbeiter können einige Dinge nicht tun, weil ihnen Informationen fehlen oder weil Sie als Vorgesetzter bestimmte Schritte getan haben, die Ihre Mitarbeiter nicht nachvollziehen können, weil sie nicht wissen, was Sie als Vorgesetzter denken, woran Sie arbeiten etc.

X: Und würde das auch bedeuten, daß ich die Gedankengänge der Mitarbeiter falsch deute, weil ich denke, die Mitarbeiter denken wie ich?

C: Ja, wahrscheinlich.

X: Das bedeutet, ich müßte viel Zeit mit meinen Mitarbeitern verbringen, damit Sie mich und ich sie verstehe.

C: Genau.

X: So viel Zeit habe ich aber nicht.

C: Wie ist das bei Ihren Kindern?

X: Die freuen sich, wenn ich mal den ganzen Tag zu Hause bin und mit Ihnen spiele oder etwas unternehme.

C: Sie können dann sicherlich auch besser mit Ihren Kindern umgehen.

X: Ja, die Kinder machen dann einfach auch einige Dinge, weil sie wollen, daß ich häufiger mit ihnen etwas unternehme.

C: Warum sollte das bei Mitarbeitern anders sein?

X: Im Grunde genommen sagen Sie doch, daß Vertrauen das Wichtigste ist.

C: Oder die Glaubwürdigkeit in einem Unternehmen.

X: So wie ich Ihnen und Ihren Fähigkeiten ja auch vertrauen muß, obwohl ich eigentlich nichts über Sie und Coaching weiß.

C: Genauso ist meine Arbeit abhängig von Ihrer Glaubwürdigkeit oder Ernsthaftigkeit.

X: Klar, was ich Ihnen erzähle, können Sie ja auch nicht nachprüfen.

C: Und Sie könnten mich benutzen.

X: Wie meinen Sie das denn?

C: Na ja, wenn Sie im Grunde schon eine Entscheidung getroffen haben z. B. über die Entlassungen, könnten Sie mich benutzen, um Ihre Entscheidung abzusichern. Dann hat Ihnen ein Fachmann gesagt, das war richtig, und Sie können dann anschließend sagen, das hat der Fachmann auch gesagt, und die Schuld würde Sie nicht treffen.

X: Ja vielleicht …

C: Lassen Sie uns noch einmal auf Ihren Sohn zurückkommen. Was braucht Ihr Sohn, um lernen zu können?

X: Sie wollen darauf hinaus, daß meine Zuversicht in sein Können ihn fördert. Klar, wenn ich ihm nichts zutraue und für ihn den Turm baue, dann kann er die Erfahrung nicht machen, „ich kann es".

C: Ja, einmal das.

X: Was meinen Sie denn noch?

C: Daß Ihr Sohn auch die Gewißheit braucht, ich darf ausprobieren, mir wird Zeit gelassen.

X: Haben Sie auch Kinder?

C: Ja ...

X: Dann kennen Sie das. Ich werde manchmal schier wahnsinnig. Beim Türmebauen ist meine Geduld noch da. Aber wenn er etwas einfach nicht begreifen kann oder will ... So oft habe ich gesagt, das sollst du so machen, er hört einfach nicht.

C: Die Frage ist, kann er es nicht oder will er von Ihnen etwas ganz anderes.

X: Was meinen Sie?

C: Nun, manche Dinge können Kinder nicht, z. B. zwei Stunden beim Essen still sitzen ...

X: Das ist klar.

C: Und manche Dinge tun Kinder, weil Sie sich nicht anders ausdrücken können oder weil Sie auf keine andere Weise Ihre Macht beweisen können.

X: Sie meinen, wenn Kinder beispielsweise krank werden, um Zuwendung zu bekommen.

C: Genau.

X: Das heißt ja, ich muß immer mit mehreren Ohren hören. Und vor allem muß ich mitbekommen, was die Handlung oder die Äußerungen für eine Funktion haben.

C: Ja, und übertragen Sie das einmal auf Ihren Betrieb.

X: Auch da muß ich genauer hinhören. Das stimmt, manchmal bin ich von der Aussage eines Mitarbeiters ein wenig betroffen oder verärgert. Ich müßte genauer hinhören, was er eigentlich will.

C: Und jetzt sind wir wieder beim Vertrauen.

X: Klar, um über solche Dinge reden zu können, braucht man ein gegenseitiges Vertrauen.

C: Und in unseren Gesprächen haben wir zunächst auch erst herausfinden müssen, ob da eine Vertrauensbasis ist.

X: Und Sie wollten diesen klaren Rahmen von sechzig Minuten, weil das eine gewisse Klarheit und damit Sicherheit gibt.

C: In jedem Fall sind weniger Ungewißheiten da.

X: Jetzt muß ich mal darüber nachdenken, wie ich das mit meinen Mitarbeitern mache.

C: Ja, tun Sie das. Unsere Zeit ist fast um. Da erzähle ich noch eine Geschichte: Der Molla war eines Tages von seinen Schülern begleitet auf dem Weg zur Schule. Er setzte sich verkehrt herum auf seinen Esel und ritt so den Schülern voran. Da fragten sie den Molla: „Warum sitzt du verkehrt auf deinem Esel?" „Hätte ich wie gewöhnlich auf dem Esel gesessen, hätte ich euch meinen Rücken zugekehrt. Hätte ich euch vorangehen lassen, hätte ich auf eure Rücken gesehen. Das beste ist wohl so, wie ich es gemacht habe."

X: Ach schade, gerade wird es so richtig spannend.

C: Tja, sechzig Minuten sind sechzig Minuten.

X: Okay, bis zum nächsten Mal.

Theorie

Der dritte Schritt ist nun der eigentliche Einstieg in das Coaching. Hier werden zunächst äußere Bedingungen angesprochen, wie Mode und Trends, Qualifikation, Veränderungsprozesse usw. Diese äußeren Dinge sind die Hinführung zu dem Themenbereich Verantwortung und Kompetenz. Verantwortung und Kompetenz verdeutlicht der Coach z. B. dadurch, daß er eine gewisse Zurückhaltung übt. So kann es sein, daß der Coachee bereits wichtige persönliche Dinge über sich erzählt, der Coach hingegen nicht. Für den Coachee kann dies zu einer Unsicherheit führen. Der Coach hält die Distanz jedoch ein, weil er so seine Professionalität bewahrt und deutlich macht, daß er kein Gespräch zwischen Freunden führen will. Dies ermöglicht dann erst eine Nähe, die immer als professionelle Nähe deutlich bleibt.

Der dritte Schritt ist aber auch gleichzeitig ein Sich-Aufeinandereinlassen, bei dem der Coach aus seiner Erfahrung und seinem Wissen heraus insbesondere auf die Dynamik achtet, mit der das geschieht. Während in der ersten Sitzung der Erfolg des Coachings mehr oder weniger geebnet wird, so werden in der dritten Sitzung die drängenden Themen deutlich, auch wenn sie noch nicht benannt werden. Im dritten Gespräch entscheidet sich oft, wie tief das Coaching gehen soll und wie sich die Beziehung zwischen Coach und Coachee gestalten wird.

Kennzeichnend ist dabei, wie sehr das Gespräch zwischen Coach und Coachee motiviert und bestärkt, neue Dinge auszuprobieren. Der Coach achtet auf diese Intensität der Beziehung, weil er mit der Sicherheit, daß der Coachee sich auseinandersetzen will, auch in den weiteren Gesprächen durch Provokation und Kritik den Prozeß begleiten kann. Er weiß, daß Enttäuschungen riskiert werden können, daß es Rückschläge geben wird.

Coachee

Erkennen von Defiziten, Schwachstellen usw.

Ich bin an schnellen Lösungen interessiert. Daher reicht mir dieser Schmerz.

Sagen Sie mir, was ich wie verändern kann! Helfen Sie mir!

ernsthaftes Vertrauen

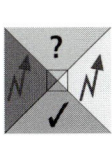

Coach

Aufdecken der ersten Defizite, Schwachstellen usw.

Ich bin hartnäckig und werde an diesem Punkt noch nicht aufhören, weiter nachzufragen.

Sie sind noch lange nicht an den wahren Wurzeln! Stellen Sie sich diesen Ursachen!

ernsthaftes Vertrauen

Diese Phase des Coachingprozesses ist wie in den beiden ersten Sitzungen stark von alten Erwartungshaltungen geprägt. Dies wird vor allem auf der Appell- und Selbstoffenbarungsseite deutlich: Auf der einen Seite will der Coachee konkrete schnelle Sachveränderungen anstoßen und erwartet Unterstützung. Dabei möchte er den Schmerz, den er bereits empfindet, beenden. Hingegen steuert der Coach in eine andere Richtung. Dieser persönliche Entwicklungsprozeß des Coachees wäre zu diesem Zeitpunkt schon abgeschlossen, wenn der Coach nicht hartnäckig weiter nach den Ursachen hinter den aktuellen Problemen forschen würde. Eine wirkliche Veränderung, also die Abwendung von alten Gewohnheiten, ist nicht möglich ohne das bewußte Durchleben des Schmerzes. Somit stoßen zu diesem Zeitpunkt zwei entgegengesetzte Interessenslagen aufeinander.

Abgrenzung

Die Schwierigkeit, Nähe und Distanz einzuhalten, ist abhängig von der Fähigkeit, sich abzugrenzen. Eine konstruktive Nähe ist gegeben, wenn gleichzeitig Distanz vorhanden ist. Symbiotische Beziehungen sind oder werden destruktiv bzw. verhindern eine Weiterentwicklung und Lernen.

Für das Coaching gilt die goldene Regel, daß der Coach die Beziehung zum Klienten definiert und die Grundregeln für die gemeinsame Arbeit aufstellt. So obliegt ihm die Kontrolle über die Beziehung. Diese Regeln sind schwer einzuhalten, da der Coach in eine Organisation hineinkommt, in der ganz bestimmte formale oder informelle Kommunikationsregeln gelten.

Auch ein Vorgesetzter muß gegenüber seinen Mitarbeitern Distanz einhalten. Seine Aufgabe besteht darin, den Überblick zu behalten. Diese Situation macht auch einsam. Immer wieder erlebt man als Coach Menschen in Führungspositionen, die lieber im Team mitarbeiten, als das Team zu leiten und sich einsam zu fühlen.

Der Coach weiß, daß er in gewisser Weise „deformiert" ist. Er hat sich mit Psychologie, Soziologie usw. beschäftigt, hat sich eine bestimmte Weltsicht erarbeitet und kennt die Schwierigkeit, seine Vorstellungen, sein Wissen, seine Ansprüche und sein Können so zu vermitteln, daß er auch verstanden wird. Er weiß, daß sein Gegenüber nie ganz verstehen wird, was er meint. Der Coach ist einen Weg gegangen, der widersprüchlich ist. Vielleicht hat er ein Studium der Psychologie absolviert, eine Coaching-Ausbildung gemacht und mußte sich damit auf Bewertungen und Noten einlassen. Er weiß genau, wie bedingt aussagekräftig solche Daten sind. Hat ein Coach zu seiner eigenen Ausbildung keine Distanz entwickelt, so bleibt er in dem Denken verfangen, daß ein Zeugnis oder Zertifikat als solches ihn zu dieser Arbeit befähigt. Letztendlich verpflichtet ihn seine Qualifikation dazu, sich ständig selbst zu reflektieren. Der Coach weiß damit, daß sein Handeln immer ambivalent bleibt, weil er in einem System seine Arbeit leistet, das seinen Wertvorstellungen nie ganz entsprechen kann. Der Coach jedoch, der meint, ein geschlossenes, überzeugendes und logisches Konzept vorlegen zu können, betrügt sein Gegenüber. Der Coach hat zu seiner Arbeit soviel Distanz aufgebaut, daß er sich dieses Widerspruchs immer bewußt bleibt. Nach einer Weile der Zusammenarbeit wird der Coachee diesen Widerspruch bemerken oder ansprechen. Der Coach muß dies nicht als Entlarvung empfinden, vielmehr kann er mit dieser „Schwäche" kompetent umgehen und so für den Coachee einen Weg ebnen, um zu einem gleichen Eingeständnis zu gelangen. Denn der Coachee steht seinen Mitarbeitern gegenüber in einem vergleichbaren Widerspruch. Der Coach weiß um seine Rolle als Coach, und der Coachee kennt seine Rolle als Vorgesetzter. Rolle und Person fallen jedoch nicht zusammen, und daher ist immer ein Widerspruch vorhanden, den es auszuhalten gilt.

Wenn dieses Verhältnis von Distanz und Nähe zu sich selbst und zum Coachee gelingt, dann haben Coach und Coachee den nötigen Freiraum, um trotz bestehender Abhängigkeiten weitestgehend objektiv und vorurteilsfrei die Situation in einem Betrieb zu betrachten, zu analysieren und auf sie einzuwirken.

Coaching lehrt die Balance von Nähe und Distanz. Distanz wird als klar geregelte Beziehung und Nähe als Fähigkeit zur Gestaltung einer Beziehung erlebt. Der Coach ist in seiner Rolle eindeutig, er hat soviel Abstand zu seiner Rolle, daß er sich stets der Zwiespältigkeit seiner Tätigkeit bewußt ist. Die Offenheit der Situation gestaltet der Coach dadurch, daß er die Beziehung zum Coachee definiert und die Grundregeln der Kommunikation vorgibt.

Die Haltung des Coachs

Der Coach nimmt in einem Unternehmen zunächst keine festgelegte Rolle ein, da er kein „fester Bestandteil" dieses Systems ist. Daher muß er von sich aus seine Rolle eindeutig bestimmen. Nur wenn er der Beobachter bleibt und nicht zu einem Teil des Systems wird, erkennt er das, was allgemein als Betriebsblindheit bezeichnet wird. Damit bestimmt der Coach zu einem großen Teil die Struktur und Dynamik der Kommunikation.

Die wichtigste Bestimmung seiner Rolle besteht darin, daß er sich neutral verhält, um Konkurrenz zu vermeiden. Neutralität bedeutet, daß der Coach einiges über die Persönlichkeit des Coachees sagen kann, ohne das Verhalten zu bewerten bzw. ohne daß es so verstanden werden könnte. Der Coach stellt sich auch nicht auf die Seite des Coachees, wenn es z. B. um Konflikte mit Mitarbeitern geht. Der Coach ist mit allen verbündet. Er fällt kein mißbilligendes Urteil und geht keine Koalitionen ein.

Es kommt darauf an, daß er z. B. nicht dazu benutzt wird, ein schon bestehendes Urteil über einen Mitarbeiter nun auch noch „objektiv" zu bestätigen. Auch kann er nicht eine bestimmte Maßnahme als gut befinden, damit diese mit einem besseren Gewissen durchgeführt wird. Der Coach nimmt eine durchaus aktive Rolle ein, indem er diesen möglichen Erwartungen seine Neutralität entgegensetzt.

Der Coach legt sich auf bestimmte Regeln fest und zeichnet sich dadurch aus, daß er keine Techniken oder Methoden benutzt und nicht von einem eindeutig richtigen oder falschen Verhalten ausgeht. Der Coach handelt nach bestimmten Richtlinien, um einen Rahmen zu bieten, der den Coachee schützt und dadurch Gedanken und Phantasien ermöglicht, für die die „normale" Öffentlichkeit eines Unternehmens kein Verständnis hat.

An Stefan Blankertz angelehnt können folgende Richtlinien genannt werden (Gestalt begreifen S. 13):

● Die Transparenz des Vorgehens.

Der Coach macht deutlich, wie er vorgeht und mit welchem Ziel er handelt. Der Coachee hat die Möglichkeit, den Prozeß zu gestalten, d. h. der Coachee wird als mündiger Partner angesehen, der z. B. nicht durch eine Diagnose zum „Kranken" bzw. Schuldigen gemacht wird.

● Die Ich-Du-Beziehung.

Der Coach arbeitet mit dem Coachee von Subjekt zu Subjekt. Er ist nicht der grenzenlos empathische Zuhörer oder der „meinungslose" Zustimmer. Zu einer personalen Beziehung gehört es, daß dem Coachee Grenzen gesetzt werden und echte Emotionen, auch die von Wut und Ärger geäußert werden.

● Die Aufrechterhaltung der Coaching-Situation.

Die Coaching-Situation ist eine herausgehobene Beziehung. Zwar begegnen sich dort zwei oder beim Teamcoaching auch mehr Menschen, doch ist Coaching nie der Alltag. Dies muß der Coach deutlich machen. Daraus folgt, daß keine Lösungen nur aus dem Grund erarbeitet werden, weil dies in den Alltag gehört, und daß ein Coach auch nicht zum Freund werden kann. Daher muß das Setting so gestaltet sein, daß einer Verwechslung vorgebeugt wird.

● Der Respekt vor dem Widerstand.

Der Coachee will manchmal Wege gehen, die dem Coach als „neurotisch" oder unternehmerisch unklug erscheinen und die er gerne als Widerstand bezeichnen würde. Die Widerstände sind kreative Möglichkeiten des Coachees. Der Coach kann seinen Eindruck benennen, doch ist es seine Aufgabe, den Coachee in oder mit seinem Widerstand zu begleiten und nicht ihn zu zerstören.

● Der konstruktive Umgang mit Aggression.

„Mit dem Verlust von Konflikten und konfliktklärenden Verhaltensweisen verschwindet der Gedanke an alternative Möglichkeiten und der Wille zur Veränderung, denn beides schließt Aggressivität ein: Zerstörung eines Zustandes, um Platz zu machen für einen anderen Zustand." (Blank S. 31)

● Eine langweilige Konformität ist nicht das Anliegen von Coaching.

Vielmehr liegt in der Aggression ein hoher Wert. Der Coach ist bemüht, Aggressionen zu fördern und gleichzeitig den Umgang mit Aggressionen zu erlernen. Dieses Vorgehen ist in der Auffassung begründet, daß derjenige, der seine Aggressionen bewußt lebt und erlebt auch die Fähigkeit zur Kontrolle seiner Aggressionen und damit seines Lebens entwickelt. Im Grunde genommen bedeutet der konstruktive Umgang mit den eigenen Aggressionen auch, eine deutliche Position beziehen zu wollen und zu können.

Der Coach zeichnet sich durch seine absolute Neutralität aus. Er handelt nach nachvollziehbaren Richtlinien. Der Coach macht deutlich, was er tut. Er respektiert die Art und Weise, wie der Coachee die Dinge angehen will, und akzeptiert Widerstände und Aggressionen. Der Coach verdeutlicht, daß Coaching eine herausgehobene Situation ist. Durch seine Ernsthaftigkeit, sein Interesse und seine Neugierde am Menschen stellt er ein Setting her, das trotz der besonderen Situation intensive persönliche Beziehungen ermöglicht.

Informationen

Das Informationsmanagement ist heute zu einem Schlüsselfaktor des Unternehmens geworden. Dabei haben sich die Verarbeitungsformen grundlegend geändert. Die Botschaft von Nachrichten und Information im Medienzeitalter ist nicht eigentlich der Inhalt, sondern das Wissen und Bemühen einer Allgegenwart. Es kommt darauf an, zur Gemeinschaft der Informierten zu gehören.

Das zeigt, wie gesellschaftliche und kulturelle Phänomene die Lebenswirklichkeit der Menschen beeinflussen und die Kommunikation grundlegend verändern. Ein Coach muß ein Gespür dafür bekommen, wie sehr Schwierigkeiten in einem Unternehmen durch noch nicht wahrgenommene oder verharmloste Ereignisse in der Gesellschaft beeinflußt werden. Der Coach verhilft dem Coachee damit zu einer Sicht auf die Realität. Auf diese Weise wird ein Unternehmen vor unliebsamen Entwicklungen geschützt. Es ist ein Unterschied, ob eine negative Entwicklung auf Bedingungen im Unternehmen zurückgeführt wird oder auf gesellschaftliche Entwicklungen. Glaubt der Coachee, daß im Unternehmen etwas nicht stimmt, so kann dies ihn demotivieren, wohingegen Anforderungen von außen als Aufgabe gesehen werden.

Die Entwicklung des Medienzeitalters führt zu veränderten Kommunikationsformen und Erlebensweisen. Der Coach erarbeitet mit dem Coachee, inwieweit Schwierigkeiten des Unternehmens auf innere oder äußere Bedingungen zurückzuführen sind.

Potentiale

Die meisten Coaching-Ansätze unterscheiden Schwächen und Stärken und richten ihre Aufmerksamkeit auf die Stärken. Diese Unterscheidung ist jedoch ein Konstrukt; was in der einen Situation eine Schwäche ist, kann in einer anderen Situation eine Stärke sein. Es kommt daher nicht darauf an, alle Potentiale (Schmidt S. 15) zu entwickeln, sondern Klarheit darüber zu erlangen, welche Bedeutungen ihnen in einem Unternehmen zugeschrieben werden.

Die Aufmerksamkeit nur auf die Stärken zu lenken, birgt die Gefahr, daß qualitativ gar nichts verändert wird. Eine Situation sieht möglicherweise nur deshalb anders aus, weil die Stärke so strahlt, daß die Schwächen dadurch auch heller erscheinen. Die Strukturen haben sich nicht geändert, sie beeinflussen weiterhin das System. Es fällt nur nicht auf, weil man von den Stärken geblendet ist. Nach einiger Zeit verblaßt der Schein und die Schwierigkeiten treten möglicherweise noch massiver auf.

Stärken oder Schwächen werden immer in bezug auf etwas hin definiert. Und dieser Bezugsrahmen bewirkt die Dynamik. So kann eine Schwäche sehr wirksam und eine Stärke völlig wirkungslos sein. Etwas als Stärke oder Schwäche zu definieren, ist demnach recht willkürlich. Das Ziel ist eine dynamische Atmosphäre, in der sich jeder Mitarbeiter mit Stärken und Schwächen einbringen kann. Coaching wird daher nicht als Methode benutzt, um Potentiale und Stärken zu fördern.

Die Intention des hier vorgestellten Coaching-Ansatzes ist, die Bewertungen von Verhaltensweisen zu erkennen sowie die sozialen Strukturen herauszufinden, die bestimmte Bedeutungszuschreibungen aufrechterhalten. Damit können individuelle und soziale Funktionsweisen verändert werden, die Menschen unzufrieden machen. Glückliche und zufriedene Menschen sehen einen Sinn in ihrer Arbeit und stellen sich mit all ihren Kräften, Schwächen und Möglichkeiten zur Verfügung. Ein Unternehmen, dem dies gelingt, ist flexibel, innovativ, stabil und sicher.

Weiterbildung und Qualifizierung

Wer auf dem Arbeitsmarkt zurechtkommen will, muß in Zukunft fähig sein, mindestens drei Berufe in seinem Erwerbsleben zu erlernen. Das Schlagwort hierfür lautet „Employability". Diese Eigenschaft erwirbt nur, wer gewillt ist, ein Leben lang zu lernen. Dies bedeutet nicht, daß ein Arbeitnehmer das Unternehmen wechseln muß, sondern daß er in der Lage ist, neue Bereiche zu erschließen, und einen Arbeitsplatz besetzt, der nicht mehr klar umschrieben und abgegrenzt ist. Wer nicht flexibel und mobil ist, steht in der Gefahr, seinen Arbeitsplatz zu verlieren.

Anbieter von Weiterbildungen nehmen diese Entwicklung auf und vermitteln Wissen so, daß es direkt umgesetzt werden kann. Eine intensive Auseinandersetzung mit einem Thema ist aufgrund der Wissensmenge kaum noch möglich. Fachwissen läßt sich aus Büchern oder anderen Medien erwerben. Dort wo es um die Anwendung geht, benötigt man Hilfe von außen. Das Training wird zu der Form des Lernens, die gewünscht wird, um ein bestimmtes Verhalten einzuüben. Die Teilnehmer von Workshops erwarten, daß das Wissen bereits für die Umsetzung aufgearbeitet ist.

Die Notwendigkeit im Umgang mit Wissen liegt in der Strukturierung der vielfältigen und unüberschaubaren Informationen sowie im kooperativen Erarbeiten neuer Horizonte, die für das jeweilige Arbeitsgebiet wichtig sind. Der Stellenwert überfachlicher Qualifikationen ist gestiegen. Die Wissensvermittlung ist nicht mehr die Frage des Zugangs oder des Ausschlusses für sogenannte Nichtgebildete.

Adornos Erkenntnis, daß es in unglaubwürdigen Systemen keine glaubwürdige Information geben kann, muß auch Coaching berücksichtigen. Jede Beratungstätigkeit, jede Weiterbildung bleibt oberflächlich, wenn nicht gleichzeitig die Glaubwürdigkeit des Systems erhöht wird, um Weiterbildung als eigenständiges, in Selbstverantwortung gepflegtes Lernen zu ermöglichen. Training on the job wird zur wichtigsten Lernform. Coaching ist eine Metaweiterbildung oder Metaberatung, die die Strukturen, die geheimen Regeln einer Organisation analysiert und „behandelt". Hier zeigt sich die Notwendigkeit des externen Coachs, denn dessen Glaubwürdigkeit steigt mit der inneren und äußeren Distanz zum System. Eine absolute Distanz gibt es allerdings nicht, da der Coach für seine Arbeit vom System bezahlt wird. Umso notwendiger ist für den Coach eine gewachsene Ethik. Für ihn wie für den Coachee muß sein Wertesystem offensichtlich sein.

Bei jeder Qualifizierungsmaßnahme, jeder Weiterbildung, auch jeder Organisationsentwicklung, jedem Bemühen um eine lernende Organisation muß die Begrenztheit des Menschen im Blick bleiben. Die Idee eines stetig lernenden Unternehmens stellt möglicherweise auch das technokratische Ideal einer eigenen Unbegrenztheit dar. Eine solche Größenidee führt unweigerlich zu einer Entwürdigung des Mitarbeiters, da der Mensch auch in seinen psychischen Möglichkeiten begrenzt ist. Ein stetiger Wandel überfordert den Menschen, der bei jeder Veränderung zunächst einmal auf alte Sicherheiten zurückgreift. Folgt eine Änderung zu schnell auf eine andere, so brechen die alten Sicherheiten weg, ohne daß neue aufgebaut wurden. Dabei besteht die Gefahr, daß das Neue lediglich zum Schein durchgeführt wird, innerlich oder sogar bewußt und offen gegen das Neue gearbeitet wird. Der Mitarbeiter gerät in Schwierigkeit, da er glaubt, sich für seine Langsamkeit, Dummheit und Trägheit schämen zu müssen. Sichtbar wird diese Scham in Unentschlossenheit, Demotivation und in einer Entpolitisierung, d. h. eigene Anliegen werden nicht eingebracht, der Mitarbeiter zieht sich zurück.

Coaching steht in einer engen Beziehung zur Weiterbildung, Qualifizierung und lernenden Organisation. Coaching ist eine Art Metaweiterbildung oder Metaberatung. Das Ziel von Coaching ist es u. a., für ein Unternehmen, für einzelne Mitarbeiter herauszufinden, was an konkreter Fortbildung nötig ist. Dieses Ziel wird eingeordnet in eine sinnvolle Lebensplanung und Unternehmensplanung. Lernen ist dann am effektivsten, wenn es dem einzelnen Menschen mit all seinen Neigungen, Interessen, seiner Moral usw. entspricht.

Qualität

Die Sicherung eines hohen Qualitätsniveaus ist ein berechtigtes Anliegen und ein äußerst bedeutender Faktor im Wettbewerb. Will man jedoch Dienstleistungen in ihrer Qualität bewerten, so stößt man mehr als bei materiellen Gütern auf zwei Probleme: Was genau soll als Qualität definiert werden und nach welchen Kriterien läßt sich Qualität bewerten? Sehr schnell werden gesellschaftliche Denkmuster und Vorstellungen zu Qualitätskriterien, die mit der Dienstleistung als solcher nicht im Zusammenhang stehen. Wenn z. B. ein Krankenhaus den Service eines Firstclass-Hotels bietet, kann man sich fragen, inwieweit dieser Service der Erwartung des Patienten entgegenkommt, aber gleichzeitig die pflegerische und medizinische Qualität einschränkt. Ein solches Qualitätskriterium kann nicht isoliert betrachtet werden. Einzelne Kriterien können sich gegenseitig aufheben und die Gesamtqualität gefährden.

Auch bei Beratungsleistungen besteht die Gefahr, daß von außen Kriterien herangetragen werden, die sich nachteilig auf die Qualität auswirken. Wer nachweisen kann, daß er Leistungen erbringt, die den gesellschaftlichen Vorstellungen von Erfolg oder Leistung entsprechen, der gilt als „gut". Wenn jedoch – wie beim Coaching – der einzelne Mensch im Vordergrund steht, dann können ganz andere Werte zählen. Ein Kriterium für die Qualität des Coachs ist seine Arbeitsweise und sein Verständnis.

Ein weiteres Kriterium sind die Erfahrungen und die Ausbildung des Coachs. Es ist zwar banal, aber das sind viele Dinge nun einmal: Ein Coach hat sich nicht nur einfach so ernannt, sondern längere Zeit Kenntnisse und Fähigkeiten erworben. Ein Diplom-Betriebswirt, der Coaching durchführt, hat sich vielleicht durch eine Therapie auch psychologisch weitergebildet. Die besondere Qualifikation eines Coachs ist sein Grenzgängertum, er ist eigentlich nichts richtig, weder Betriebswirt, noch Psychologe, noch Pädagoge, noch Philosoph, noch Ingenieur, . . .

Ein weiteres Kriterium der Qualität eines Coachs ist seine persönliche Reife, wobei die Beurteilung auch hier äußerst subjektiv ist.

Qualität von Coaching läßt sich kaum erfassen. Viele subjektive Kriterien spielen dabei eine Rolle. Die Qualität macht sich zudem sehr stark an der Persönlichkeit des Coachs fest.

Fazit

1. Coaching spricht das Verantwortungsbewußtsein an.

2. Der Coach hält eine professionelle Distanz ein.

3. Coaching ist keine Einzelberatung im strengen Sinne. Vielmehr sieht der Coach den einzelnen immer als Teil des Unternehmens und dementsprechend problematisiert er die Themen des Coachees.

4. Der Coach macht seine Arbeit transparent. Somit hat der Coachee jederzeit Einblick in die Arbeitsweise.

5. Coaching vereinfacht nicht die Schwierigkeiten. Es läßt Paradoxien bestehen und hilft, mit solchen Zwiespältigkeiten umzugehen.

6. Coaching kann als Begleitung bei umfassenden Lernprozessen verstanden werden. Dabei wird der „naiven" Neugierde eine große Bedeutung zugewiesen.

7. Die Qualität von Coaching läßt sich quantitativ kaum erfassen. Es läßt sich nur gefühlsmäßig beurteilen, ob ein Coach gute Arbeit leistet.

Literaturhinweise

Blankertz, Stefan (1996), Gestalt begreifen. Ein Arbeitsbuch zur Gestalttherapie, Wuppertal, Hammer.
Dieses Buch hat Stefan Blankertz für die Ausbildung von Gestalttherapeuten geschrieben. Es eignet sich jedoch für jeden, der seinen Blickwinkel erweitern möchte und Menschenführung auch politisch und philospophisch versteht.

Feyerabend, Paul K. (1997), Die Torheit des Philosophen. Dialoge über die Erkenntnis, Frankfurt/M, Fischer.
Dieses Buch nimmt die Dialoge Platons wieder auf. Philosophie wird als Dialog erfahrbar. Feyerabends Ausführungen sind eine Ernüchterung des wissenschaftlichen Anspruchs.

Hentig, Hartmut von, Fragmente einer zukünftigen Pädagogik, in: Frankfurter Hefte. Zeitschrift für Kultur und Politik, extra 6 1984, S. 119–128.
Dieser Artikel bietet einen guten Überblick über das pädagogische Konzept der Bielefelder Laborschule.

4. Sitzung: Slowmanagement

Dialog zwischen Coach C und Coachee X

X: Guten Tag.

C: Guten Tag.

X: Schon wieder eine Woche vergangen. Wie schnell die Zeit vergeht.

C: Tempus fugit.

X: Das können Sie wohl sagen. Da fällt mir Ihre Geschichte ein, die Sie zum Schluß der letzten Stunde erzählt haben. Sie streuen Geschichten einfach so ein und ich muß gestehen, das entspannt die Atmosphäre und schafft Vertrauen.

C: Darüber haben wir in der letzten Sitzung gesprochen.

X: Ja stimmt, ich glaube auch, daß ich mich jetzt erst auf das Coaching einlassen kann.

C: Schön.

X: Was beabsichtigen Sie denn mit den Geschichten?

C: Nun, vielleicht spielt sich im Kopf mehr ab als wir denken. Führung wäre dann weniger eine Sache persönlicher Eigenschaften oder des Verhaltens, sondern vielmehr eine Kultur von Geschichten. Eine Unternehmensphilosophie oder -kultur ist dann auch eher die Menge und die Qualität der Geschichten, die man sich in einem Unternehmen erzählt.

X: Und es kommt darauf an, wie man diese Geschichten erzählt.

C: ...

X: Das macht ja auch die Wärme zwischen den Menschen aus.

C: Man trifft die emotionale Seite des anderen.

X: Brauchen wir denn nicht mehr das rationale Denken? So ein Unternehmen ist doch keine Kuschelgruppe.

C: Das eine schließt das andere nicht aus.

X: Einverstanden. Sie erwähnten gerade die Unternehmensphilosophie. Wieso meinen Sie, daß Geschichten darauf einen Einfluß haben.

C: Geschichten bieten Utopien und Träume an, sie sind Identifikationsmöglichkeiten für den einzelnen Mitarbeiter. Geschichten müssen interpretiert werden, d. h. ihr Sinn erschließt sich nicht wie eine mathematische Gleichung.

X: Warum soll das so wichtig sein?

C: Gute Geschichten sind differenziert, ihr Sinn liegt nicht offen und eindeutig dar.

X: Demnach kann sich jeder das herausnehmen und so deuten, wie er es möchte.

C: Ja.

X: Was soll daran positiv sein?

C: Ich antworte mit einer Geschichte: Einst fragte ein Vinaya-Lehrer einen Zen-Meister: „Wie übt Ihr Zucht in Eurem täglichen Leben?" Der Meister antwortete: „Wenn ich hungrig bin, esse ich. Wenn ich müde bin, schlafe ich." Der Lehrer: „Das tut jeder. Übt also jeder gleiche Zucht wie Ihr?" Meister: „Nein, nicht in gleicher Weise." Lehrer: „Warum nicht in gleicher Weise?" Meister: „Wenn andere essen, wagen sie nicht zu essen. Ihr Denken ist angefüllt mit verschiedensten Überlegungen. Darum sage ich: nicht in gleicher Weise."

X: Wollen Sie damit sagen, daß eine Geschichte inhaltlich zum gleichen Verständnis führt, wie eine nüchterne Aussage? Ich weiß nie, ob der andere es auch so meint.

C: So merkwürdig es auch klingen mag, Geschichten sind ehrlicher, weil sie die emotionalen „Ansichten" übermitteln.

X: Das ist wie beim Witz, der immer etwas Richtiges enthält. Wenn ich mit einem anderen über die gleichen Witze lachen kann, dann weiß ich, wir können es miteinander.

C: Und wenn in einem Unternehmen die Mitarbeiter bestimmte Anekdoten immer wieder erzählen, so verbindet sie das.

X: Und Sie meinen mehr als ein schönes Unternehmensbild?

C: Ja, weil eine Geschichte den Status der einzelnen Mitarbeiter nivelliert.

X: Meinen Sie, daß für das Verstehen einer Geschichte die Ausbildung keine Rolle spielt?

C: Genau, alle sind gleich, wenn sie Geschichten erzählen oder hören.

X: Naja, und es kommt ja darauf an, daß alle Mitarbeiter sich als ein Unternehmen verstehen und nicht nur einzelne Abteilungen.

C: Genau.

X: Für die Mitarbeiter und als Erkennungszeichen für Kunden.

C: Es soll demnach zwei Funktionen erfüllen?

X: Ja.

C: Geht das denn?

X: Es ist ehrlich gesagt ein Kompromiß.

C: Und wie wirkt das auf die Mitarbeiter?

X: Darüber habe ich noch nicht nachgedacht.

C: Ich vermute, daß es einen negativen Einfluß haben kann.

X: Lehnen Sie denn ein Unternehmensleitbild ab?

C: Nein, ich stelle nur die Frage, welche Funktion es hat und wie es zustande gekommen ist.

X: Naja, die Anekdoten aus einem Unternehmen aufzuschreiben, ist ja wohl auch nicht in Ihrem Sinne.

C: Sicherlich. Ich sehe eine Führungspersönlichkeit als einen begabten Produzenten von Geschichten, der aufgrund seiner hohen Sprachintelligenz in Worte faßt, was in der Gruppe unausgesprochen lebt.

X: Und daraus entsteht dann die Unternehmensphilosophie. Der Manager ist in der Lage, ein gemeinsames Produzieren von Geschichten anzuregen, entnimmt deren Sinn und stellt daraus die Unternehmensphilosophie zusammen.

C: Geschichten sind immer auch ein Versuch, einen Sinn herzustellen.

X: Ich sehe da jetzt ein Problem.

C: Welches?

X: Die Zeit. Ich kann doch nicht in das Unternehmen gehen, mit den Mitarbeitern Geschichten erzählen und dann anschließend deren Sinn analysieren.

C: Die Geschichte, die ich vorhin erzählt habe, hat ja auch noch einen anderen Sinn. Wenn ich tue, dann tue ich es auch wirklich. Zeit wird dann voller oder erfüllter erfahren.

X: Und Sie meinen, ich spare Zeit ein.

C: Wenn eine Geschichte erzählt wird, entsteht eine Dichte, es wird vieles schneller klar.

X: Also, durch das Unternehmen gehen, reden, zuhören, spüren, Träume und Geschichten sammeln, Ängste, Gedanken in Worte fassen. Und das nicht, wie ich es in vielen Kommunikations- und Rhetorikseminaren gelernt habe, durch eine klare Sprache, sondern eher so, wie ich daraus Geschichten machen kann, wie mir der Schnabel gewachsen ist. Das ist allerdings eine sehr ungewohnte Vorstellung vom Management. Ich habe die Befürchtung, daß das Tagesgeschäft dabei liegen bleibt.

C: Es verändert sich.

X: Irgendwie habe ich das Gefühl, Geschichten erzählen führt in eine andere Dimension.

C: Ja, es ist eine Zeiterscheinung. Während des Erzählens wird man sich seiner Eigenzeit bewußt.

Rhythmus   X: Was ist Eigenzeit?

C: Jeder hat seinen ganz subjektiven Rhythmus.

X: Naja, im Erwerbsleben hat man wohl kaum die Chance zum subjektiven Rhythmus, es ist doch alles von außen bestimmt.

C: Trotzdem gibt es die Eigenzeit. Und es ist die Frage, was mit den Menschen geschieht, wenn sie gegen ihre Eigenzeit leben. Nehmen Sie die Wechselschicht oder Nachtschicht.

X: Gut, dazu habe ich schon einiges gelesen.

C: Das Messen der Zeit ist keine objektive Größe, sondern der Versuch, die einzelnen Zeiten zu synchronisieren. Am Anfang dieses Jahrhunderts hatten die Bahnhöfe in Deutschland mehrere Uhren, die angaben, nach welcher Zeit die Züge fahren, in Hamburg galt eine andere Uhrzeit als in München.

X: Da sind Sie ja bei Einstein gelandet.

C: Wenn Sie so wollen, ja. Denn nach der Relativitätstheorie geht es um die Frage, wie man diese unterschiedlichen Zeiten in den Griff bekommen kann.

X: Meinen Sie, Bill Gates geht es auch um so etwas? Sie wissen ja, daß seine Mitarbeiter keine Uhren tragen dürfen.

C: Ich vermute schon. Nur wenn jeder seine Eigenzeit entdecken darf, kann er sie mit den Eigenzeiten der anderen synchronisieren, dies ist dann ein aktiver und selbstgelenkter Vorgang.

X: Und Sie meinen, wenn Mitarbeiter passiv synchronisiert werden, dann erleben sie das als Bedrohung und damit als Belastung.

C: Ganz genau. Die Subjektivität wird eingeschränkt, weil Individualität immer auch abhängig ist vom Verhältnis zur Zeit.

X: Also können bei Verlangsamung die Prozesse besser reifen.

C: Ja, und es drückt sich darin der Respekt vor den Menschen aus.

X: Und die Mitarbeiter sind motiviert, mitzumachen.

C: Ja, Mitarbeiter, die sich nicht ernstgenommen fühlen, mögen Veränderungen zwar mitmachen, aber sie sind nicht überzeugt davon und entwickeln eine innere Dynamik gegen die Veränderungen.

X: Demnach bedeutet eine Verlangsamung nicht notwendigerweise, daß langsamer gearbeitet wird, sondern daß die Mitarbeiter durch die selbstgelenkte Synchronisation ihre Zeit als gefüllt ansehen und erleben. Die Zeit wird im Erleben immer dann beschleunigt und erzeugt Schwindel, wenn man sich nicht fortbewegt, sondern bewegt wird.

Slowmanagement

C: Zeit und Geschwindigkeit sind als solche nicht erlebbar. Sie sind subjektiv. Nehmen Sie Ihren PC: die Augenblicke, die Sie warten müssen, sind objektiv recht kurz, kommen Ihnen aber lang vor. Ich habe dafür ein Beispiel aus einem Krankenhaus. Dort wurden neue Betten angeschafft. Die Mitarbeiter brauchten nur auf einen Knopf zu drücken, ruck zuck war das Bett so, wie es sein sollte. Nur während das Bett elektronisch in die richtige Position fuhr, hatten die Mitarbeiter nichts zu tun. Sie warteten. Diese Zeit erlebten sie als unnütz und wurden unzufrieden.

Aspekte der Zeit

X: Das bedeutet, daß Veränderungen in einem Betrieb auch unter diesem Gesichtspunkt betrachtet werden müssen, inwiefern Arbeitsabläufe subjektiv schneller, einfacher oder günstiger sind.

C: Ja.

X: Wenn etwas objektiv lange dauert, aber subjektiv ausgefüllt ist, ist die Produktivität dennoch höher, weil der Mitarbeiter motiviert ist.

C: Genau, dieser subjektive Faktor wird allzu gern bei technischen Innovationen vergessen.

X: Und deshalb sprechen Sie vom Slowmanagement. Damit wird ausgedrückt, daß der menschliche Faktor bei allen Veränderungen mitentscheidend ist.

C: Ja, außerdem bedeutet Langsamkeit auch, daß Fehler eher gesehen werden, weil man den Blick frei hat. Was bedeutet für Sie Herausforderung?

X: Ich weiß, daß etwas geschehen muß, und ich bin bereit, mich auf neue Dinge einzulassen.

X: Und damit sind wir beim Qualitätsmanagement.

C: Ja, das sollten wir jedoch auf die nächste Woche verschieben, da die Stunde fast vorbei ist.

X: Oh, ist die Zeit schon wieder um? Mir wird langsam klar, warum Sie in der ersten Sitzung davon gesprochen haben, daß ich das Risiko eingehen müsse, nicht genau zu wissen, wohin unsere Gespräche führen, das hat was mit der Langsamkeit zu tun. Ich muß gestehen, das fällt mir sehr schwer.

C: Wie die letzten Male möchte ich auch heute gerne zusammenfassen, um welche Themen es ging: Es ging heute um die Eigenzeit, um Slowmanagement und auch Kampf. Bis zur nächsten Woche.

X: Auf Wiedersehen.

Theorie

Der vierte Schritt ist sowohl inhaltlich als auch dynamisch eine Verzögerung. Veränderung ist als eine Entwicklung zu beschreiben, und diese Entwicklung ist im Sinne einer Entfaltung zu verstehen, die einfach Zeit braucht. Es zeigt sich auch beim Coaching, daß häufig die ersten Versuche einer Veränderung begleitet sind vom gewohnten Wunsch, schnell etwas zu verändern. Es fehlt die nötige Gelassenheit, der Entwicklung Zeit zu geben. Der Coach greift hier ein, er mahnt eine erneute Überlegung an, gibt zu bedenken, daß alles seine Zeit braucht. Dagegen ist der Coachee bemüht, zu handeln, er will Erfolge sehen, weil dies für ihn am ehesten die Gewähr dafür ist, mit Coaching auf dem richtigen Weg zu sein.

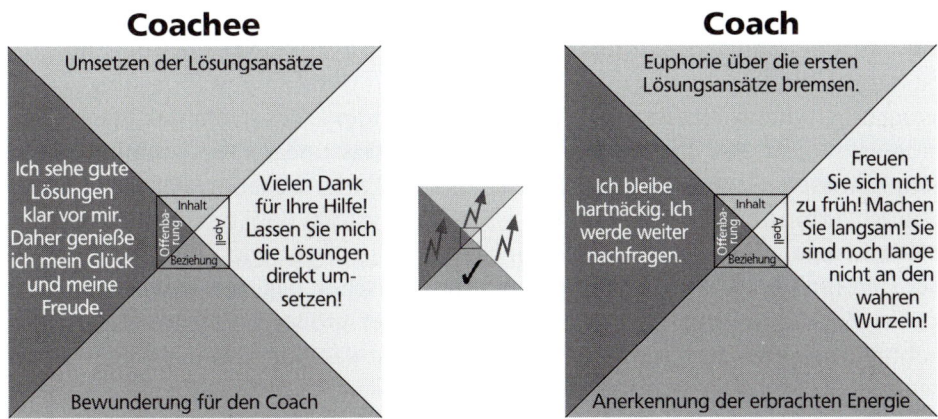

Das, was sich in der dritten Sitzung bereits andeutete, verschärft sich in der Regel in dieser Phase des Coaching-Prozesses. Der Coachee sieht die ersten möglichen Lösungsansätze klar vor sich. Die Probleme zu überwinden und erfolgversprechende Veränderungen in Angriff zu nehmen, ist sehr verlockend. Häufig wird die Zusammenarbeit an dieser Stelle in Frage gestellt, da der Coach nach wie vor hartnäckig nach den Motiven hinter den Problemen sucht. Außerdem hält er zur Langsamkeit an, um genügend Freiraum zur Reflexion einzuräumen. Das heißt, er bremst die gutgemeinten und häufig engagiert verfolgten ersten Verbesserungsansätze des Coachees. Damit verhindert der Coach das vermeintliche Glück des Coachees. Spannungen zwischen Coach und Coachee sind somit fast unvermeidbar.

Slowmanagement

Das Coaching richtet die Aufmerksamkeit auf die Spielregeln, die stabil bleiben, während das Spieltempo davon unabhängig ist. Eine mögliche Veränderung der Spielregeln geschieht langsamer als der eigentliche Spielverlauf. Die Beständigkeit und Verläßlichkeit der Regeln begrenzen die Ungewißheiten. In einem Betrieb oder Unternehmen bedeutet dies, daß verläßliche Bindungen geregelt sind, d. h. es existieren geeignete Institutionen und Kommunikationsregeln, die Basis und Voraussetzung für vertrauensvolle Bindungen sind. Auf diese Weise werden Kooperationen ermöglicht, die wiederum eine wirtschaftliche Weiterentwicklung begünstigen. Die Installierung bestimmter Kommunikationsstrukturen beinhaltet jedoch immer zwei gleichzeitige Informationsträger.

Beim Coaching geht es um grundsätzliche Veränderungen, die eine gründliche Auseinandersetzung voraussetzen. Von daher verlangsamt das Coaching zunächst bestimmte Entwicklungen, um Ungewißheiten durch verläßliche Regeln einzugrenzen.

Aspekte der Zeit

Ein wichtiger Punkt ist die Unterscheidung zwischen zyklischem und linearem Zeitverständnis. Die Regelmäßigkeiten im Umgang mit der Zeit gewährleisten Verhaltenssicherheit durch Planung und Vorausschau. Anderseits erlaubt das lineare Verständnis von Zeit erst die Definition von Zielen. Das lineare Verständnis steht in einem gewissen Gegensatz zur Chronobiologie. Es ist bekannt, daß der Körper einem Rhythmus unterliegt: beim Herz-Kreislaufsystem, dem endokrinen System, der Wärmeregulation u.a. Jeder Mensch hat eine Eigenfrequenz. Die stärksten Zeitgeber sind für Tiere Licht und Temperatur, für Menschen dagegen soziale Kontakte und das Zeitbewußtsein. Die Schätzung der Dauer größerer Zeitstrecken ist das Ergebnis eines logischen Aktes. Die erlebte Zeit ist dabei immer das Erlebnis von Veränderung. In Experimenten wurde nachgewiesen, daß Versuchspersonen die Länge der Zeit bei Aufgaben mit steigender Komplexität und wachsendem Anspruch geringer einschätzen.

Für das Coaching ist wichtig, daß die Einhaltung der 60 Minuten und der Regelmäßigkeit der Termine dem zyklischen Zeitempfinden entspricht und Verhaltenssicherheit gewährleistet. Dem linearen Verständnis von Zeit wird in den einstündigen Sitzungen Rechnung getragen, weil hier keine Vorgaben gemacht werden und das Zeiterleben von der Komplexität der Beziehung abhängt. So ist gerade dann, wenn nichts passiert, die Komplexität der Beziehung gefragt. Die Aufgabe des Coachs ist es, hier eine Sozialenergie entstehen zu lassen und damit Zeit zu füllen. Oft verwechseln Menschen das Ausfüllen von Zeit mit dem Austauschen von Worten. Das subjektive Zeitempfinden ist abhängig von Anzahl, Art und Qualität der Ereignisse und der aktuellen Stimmungslage.

Wenn auch Kreativität vor allem die Leistung eines einzelnen ist, weil er Informationen sammeln, verwerten und neu verschmelzen muß, so ist auch hier Zeit notwendig. Hier zeigt sich die Vernetzung von Zeit, Kreativität und Persönlichkeit. Coaching muß daher das Bewußtsein für Zeit schärfen, um kreativere, individuellere Lösungen zu finden.

Coaching ist selbst ein Versuch, die Eigenzeit zu ermöglichen. Die Absprache über Termine und die Betonung des Umfangs führen zu einer Erfahrung der Eigenzeit. Der Coachee erfährt sich in den 60 Minuten und gewinnt ein Verhältnis zu dem Zeitempfinden seiner Mitarbeiter. Es wäre denkbar, daß auf diese Weise flexible Arbeitszeiten zustande kommen, die nicht mehr in Stunden, sondern in Leistung gemessen werden. Denn es ist sinnlos, eine Wochenarbeitszeit einzufordern, ohne deren Effektivität zu bedenken. Es wäre durchaus möglich, daß Mitarbeiter weniger Zeit im Betrieb verbringen, aber mehr leisten, weil sie in ihrer Freizeit genug Entspannung finden. Hier jedoch ein Gleichgewicht zu entwickeln, ist nicht ganz einfach, da die meisten Menschen darauf fixiert sind, nach Stunden bezahlt zu werden.

Coaching gibt strukturell ein starres Zeitschema vor, um die Eigenzeit erlebbar zu machen. Es geht beim Coaching um einen sinnvollen Umgang mit der Zeit. Zeiterleben wird in seiner Bedeutung als erfüllte Zeit oder als operative Hektik bewußt gemacht.

Glück

Glücksmomente sind keineswegs konfliktfreie Augenblicke, vielmehr sind es „Momente höchster Wandlung. Da bricht mit einem Mal ein ganz neuer Blick auf die Welt herein, da explodiert ein Augenblick. Das sind Momente des Umbruchs, des Perspektivenwandels." (Blothner S. 562)

„Damit ein Glücksmoment entstehen kann, bedarf es im Vorfeld einer leichten Ängstlichkeit und Depressivität. Es hängt also von unserer Verfassung ab, ob ein Ding uns Glück verheißt, es hängt nicht von dem Ding ab." (Blothner S. 565–569) Daher ist Zufriedenheit langlebiger.

Beim Coaching geht es nicht um momentane Glücksgefühle oder Erleuchtungen, sondern um eine stabile innere Verfassung, die sich auch als Zufriedenheit beschreiben läßt.

Macht und der Umgang mit ihr

„Die meisten Leute haben die Vorstellung, daß sie die wesentlichen Bedingungen unseres modernen Lebens nicht beeinflussen können." (Goodmann in Blankertz)

Sie haben das Gefühl von Machtlosigkeit und weigern sich, Verantwortung zu übernehmen. Gleichzeitig werden diejenigen, die „Machtpositionen" innehaben, negativ beurteilt und Macht generell verurteilt. Dabei sollte man sich im Klaren sein, daß Ohnmacht als Alternative auch nicht erstrebenswert ist. Eine solche Auseinandersetzung mit Macht als Mißbrauch ist keine kritische Auseinandersetzung mit der Macht, sondern ersetzt eine konstruktive Diskussion. Um zu einer ausgewogenen Beurteilung eigener und fremder Macht zu gelangen, ist das Bewußtsein über Möglichkeiten notwendig. Wer seine Fähigkeiten und Freiräume kennt, der beurteilt

Macht nicht nach gut oder schlecht, sondern danach, ob er Handlungsspielräume genutzt hat oder nicht.

Der Coach versucht, das Thema vor dem Hintergrund persönlicher Stärken anzugehen. Dabei müssen auch Gefühle von Ohnmacht oder Machtlosigkeit erörtert werden.

„Wer die Macht verurteilen will, muß sich darüber im klaren sein, daß die Ohnmacht nicht erstrebenswert zu sein scheint." (Blank S. 24)

„Der Vorwurf des Machtmißbrauchs ist keine kritische Auseinandersetzung mit der Macht, sondern ersetzt sie." (Blank S. 25)

Wer ist der Coachee: Der Übermittler oder der übermittelte Fall?

Rhythmus

„Der Rhythmus gliedert die Zeit, ohne sie zu zerteilen." (Geißler I, S. 793) Der Rhythmus setzt Orientierungspunkte, da soziales Geschehen auf Regelmäßigkeiten angewiesen ist. Ständiges Koordinieren wird aber zum totalitären System, „lean-management" wird zum „lean-life".

Anders ausgedrückt geht es darum, die Eigenzeit, die von den gewachsenen Ich-Strukturen der Persönlichkeit abhängt, in Korrelation zu anderen „Zeiten" zu setzen. Identität bildet sich an den Grenzen von Raum und Zeit. Eine symbiotische Begegnung zweier Menschen nimmt beiden die Möglichkeit, die gemeinsame Zeit als erlebte oder erfüllte Zeit wahrzunehmen, da die Zeit nicht als Eigenzeit erfahren werden kann. Die Zeit ist abhängig von dem Vertrauen zum anderen, da der eine Interaktionspartner mit dem anderen einen Rhythmus finden muß; er muß seine Zeit von dem anderen fremdbestimmen lassen und selber den anderen fremdbestimmen. Dieses Vertrauen ist sicherlich zum größten Teil ein Produkt der Erfahrung aus der Kindheit. Als Kind erleben wir, wie vor allem mit der Fremdbestimmung durch die Eltern ein Zeitloch entsteht oder ein Wechsel von Selbstbestimmung und Fremdbestimmung. Dieser Wechsel ist gleichzeitig auch das Lernen von Phantasie und Realität. Kreativität ist nicht möglich, wenn dieser Rhythmus aus Persönlichkeitsdefiziten nicht gewagt wird.

Aus diesen Gründen muß das Coaching einen deutlich erkennbaren Rhythmus aufweisen. Und dieser Rhythmus wird durch die verbindliche Absprache der einzelnen Termine und durch das Einhalten der 60 Minuten gewährleistet.

Fazit

1. Coaching beachtet nicht nur Fakten, sondern auch die menschlichen Elemente eines Unternehmens. Diese menschlichen Elemente zeigen sich in den Geschichten und Gewohnheiten der Mitarbeiter.

2. Veränderung beim Coaching wird als Entfaltung verstanden, d. h. Ziele werden nicht dadurch erreicht, daß man etwas verändern will, sondern dadurch, daß man das realisiert, was ein Unternehmen an Möglichkeiten hat.

3. Um die menschlichen Faktoren mit ihren Möglichkeiten für ein Unternehmen erkennen zu können, bedarf es einer Verlangsamung. Es muß unterscheidbar sein, bei welchen Tätigkeiten viel Zeit benötigt wird und bei welchen Tätigkeiten schnell gehandelt werden muß.

4. Coaching muß immer ein Bewußtsein für die Zeit haben.

5. Glück und Zufriedenheit sind Themen für das Coaching. Dabei wird der Beruf als Berufung definiert und allgemeine Lebenspläne mit der beruflichen Realität in Beziehung gesetzt.

6. Macht wird nicht negativ gesehen. Der Coach thematisiert möglichst viele Aspekte von Macht und Manipulation.

Literaturhinweise

Cohen, William A., Cohen, Nurit (1994), Unternehmen auf der Couch, Freiburg i.Br., Haufe.
Das Buch stellt in übersichtlicher Form neurotische Erscheinungen in Unternehmen dar. Die konkreten Hinweise zum Umgang mit diesen Erscheinungsformen sind praktikabel. Wer mehr Hintergrundwissen und kritische Auseinandersetzung mit diesem Thema sucht, der findet im Buch von Gerhard Lenzen (siehe unten) genügend Material.

Geißler, Karlheinz A., Den Rhythmus wiederfinden, Universitas 8/1994, S. 792–797 (I)

Geißler, Karlheinz A.(1993), Zeit leben. Vom Hasten und Rasten, Arbeiten und Lernen, Leben und Sterben, 5.Aufl., Weinheim Berlin, Beltz, Quadriga.
Karlheinz Geißler hat mittlerweile einige Bücher zum Thema Zeit geschrieben. Er ist einer der bekanntesten „Zeitdenker", und es macht Spaß, seine Gedanken zu lesen, weil man auf ungewöhnliche Wege gebracht wird. Sein Anliegen ist es, ein Bewußtsein von Zeit zu beschreiben und nicht die üblichen Zeitmanagement-Thesen zu verbreiten.

Goodmann, Paul, (1989), Natur heilt. Psychologische Essays, Köln, Edition Humanistische Psychologie.
Paul Goodman ist der eigentliche Kopf der Gestalttherapie gewesen. Seine Auseinandersetzungen mit Thomas von Aquin führten zu einer ganz speziellen Form der therapeutischen Sicht. Therapie als solche wird aufgegeben und in ein Gesamtbild von Philosophie und Gesellschaft gestellt. Das Buch enthält zahlreiche Aufsätze, die diese Sicht aus unterschiedlichen Perspektiven erläutern.

Lenz, Gerhard (Hrsg.) (1991), Die Seele im Unternehmen, Berlin Heidelberg New York, Springer.
Das Buch ist eine ausgezeichnete Analyse unbewußter Prozesse in Unternehmen. Aus psychoanalytischer Sicht werden die Auswirkungen des eigenen Handelns auf die Mitmenschen im Unternehmen beschrieben.

Nadolny, Sten (1992), Die Entdeckung der Langsamkeit, 24.Aufl., München, R.Piper & Co.
Sten Nadolny hat einen ungewöhnlichen Roman über die Langsamkeit geschrieben, den man gut im Urlaub lesen kann.

5. Sitzung: Sich stellen

Dialog zwischen Coach C und Coachee X

X: Guten Tag.

C: Guten Tag, Herr X. Wir wollten heute über Qualität reden.

X: Ich bin ganz stolz darauf. Wir haben vor einiger Zeit begonnen, mit einem externen Berater ein effizientes Qualitätsmanagement einzuführen.

C: Und wie sind Ihre Erfahrungen damit?

X: Nach anfänglichen Hürden, muß ich sagen, daß ich mit dem Ergebnis sehr zufrieden bin. Die eingeführten Kennzahlen deuten auf einen großen Erfolg hin.

C: Was beschreiben diese Kennzahlen?

X: Ich kann eindeutig daraus ablesen, daß unsere Produkte besser geworden und schneller am Markt sind.

C: Und sind Ihre Mitarbeiter auch zufrieden?

X: Sie wissen ja, jede Veränderung bringt auch Schwierigkeiten. Ich hatte Ihnen ja schon von diesem Abteilungsleiter erzählt, der gerne solche neuen Dinge blockiert.

C: Mhm.

X: Der Mensch ist träge. Es ist eine Illusion zu glauben, daß man alle unter einen Hut bekommt. Es gibt immer wieder Mitarbeiter, denen man Geld, Zeit oder andere Vorteile anbieten kann, aber sie kapieren es einfach nicht.

C: Und das ist dann hundertprozentige Qualität?

X: Qualitätsmangement bedeutet doch zunächst einmal, daß durch eine offensive Kundenorientierung die Fortführung des Unternehmens gesichert ist. Und Sie wissen doch auch, daß zunächst die physischen Bedürfnisse gesichert sein müssen. Und die Sicherheit des Arbeitsplatzes ist heutzutage wohl eine der wichtigsten Voraussetzungen für die Zufriedenheit der Mitarbeiter.

C: Oh, Sie kennen sich ja aus.

X: Wollen Sie mich auf den Arm nehmen?

C: Vielleicht nur kritisch nachfragen.

X: Mittlerweile habe ich mich daran gewöhnt, nicht mehr so genau zu wissen, was denn eigentlich richtig ist. Ich frage mich, wie Sie damit klarkommen, daß Sie sich immer wieder auf neue Menschen einlassen und nie wissen, was passieren wird. Ich bewundere so etwas.

Mut

C: Was bewundern Sie denn genau?

X: Wie kommen Sie damit klar, daß Sie so ohne Schema, ohne Checkliste und klaren Plan in Gespräche hineingehen? Sie müssen ja ein großes Gottvertrauen haben, daß die Gespräche auch immer positiv enden.

C: Das habe ich auch. Doch vielleicht ist es auch noch etwas anderes.

X: Was denn?

C: Die Form meiner Arbeit ist zu vergleichen mit der eines Völkerkundlers. Ich beobachte, begebe mich in ein Unternehmen hinein und reflektiere, was ich sehe und erlebe.

X: Das ist sehr spannend, doch ich will jetzt mal wieder auf meinen Betrieb zurückkommen, so sehr ich das, was Sie tun auch bewundere. Aber es reicht nicht aus, die Dinge nur zu analysieren, ich muß auch handeln.

C: Genau, und da lassen Sie uns auch weitermachen.

X: Das hätte ich jetzt nicht erwartet, ich dachte, Sie würden mit mir nun über grundsätzliche Dinge reden wollen.

C: Nein, ich will in medias res. Anfangen!

X: Okay, Sie haben mich verwirrt.

C: Was meinen Sie?

X: Ich habe zwar gesagt, daß es mir um das Praktische geht, doch merke ich jetzt, das geht gar nicht von jetzt auf gleich.

C: Wir haben uns erst ein wenig warmreden und den Raum erst abstekken müssen. In diesem langsamen Antasten ist ein Thema entstanden.

X: Wie meinen Sie das?

C: Sie beginnen damit, daß Sie sagen, Sie bewundern meine Fähigkeit oder Gelassenheit, mich auf Situationen einzulassen. Wir plaudern – wenn Sie so wollen – scheinbar ein wenig belanglos daher. Und genau in dieser Atmosphäre schält sich ein Thema heraus.

X: Welches Thema liegt denn nun auf dem Tisch?

C: Es geht darum, daß durch die vier Gespräche eine Erwartungshaltung entstanden ist. Sie haben sich ein Bild von der Art und Weise gemacht, wie ich vorgehe. Und ebenso habe ich erfahren, daß Sie handeln wollen und mich immer wieder auffordern, auf dieses Interesse einzugehen.

X: Und Sie haben mich dadurch verwirrt, daß Sie genau dieses getan haben und mich aufgefordert haben, konkret zu werden.

C: Wir sind an einem Punkt, an dem wir uns gegenüberstehen.

X: Quasi entscheidet es sich hier, ob wir auch emotional miteinander klarkommen?

C: Genau, in den ersten Sitzungen hat sich herausgestellt, daß wir miteinander ins Geschäft kommen können. Nun ist deutlich geworden, daß dieses Geschäft mit einer persönlichen Öffnung verbunden ist. Wir machen hier also ein Geschäft, das sich von anderen unterscheidet.

Kommunikation

X: Das wird mir jetzt so richtig klar. Ich bin gefordert, nicht wie gewohnt die Dinge geschäftsmäßig zu regeln, sondern es geht um mich. Ich muß mich Ihnen auch als Person stellen.

C: Und sie bemerken, welche Emotionen da noch mitschwingen.

X: Da sind alle möglichen Gefühle. Ich meine, daß ich das nötige Vertrauen zu Ihnen habe, um darüber zu reden. Mir wird auch klar, daß die Situation meinen Mitarbeitern gegenüber oft gar nicht anders ist, daß ich mit meinen Mitarbeitern aber eine andere Beziehung habe und ein Gespräch wie mit Ihnen nicht möglich ist.

Intimität

C: Das denke ich auch. Wichtig scheint jedoch zu sein, daß die Anforderungen oder Notwendigkeiten gar nicht anders sind. Sie begegnen ähnlichen Gefühlen.

X: Das stimmt, ich kann nur nicht so mit der Situation umgehen, wie Sie dies hier mit mir tun. Dann lassen Sie uns doch daran weiterarbeiten, wie ich mit meinen Mitarbeitern umgehen muß.

C: Gut.

X: Also, ich habe in der Rechnungsabteilung einen Mitarbeiter, von dem ich vermute, daß er während der Arbeitszeit privat telefoniert. Nachweisen kann ich das nicht. Es fällt nur auf, daß dieser Mitarbeiter Überstunden macht und seine Arbeit dennoch nicht schafft.

C: Was bezeichnen Sie nun als Ihre Aufgabe?

X: Ich will diesem Mitarbeiter nachweisen, daß er privat telefoniert.

C: Sie sagten doch, daß Sie es gar nicht wissen.

X: Ich muß ihn halt beobachten.

C: Das Verhalten des Mitarbeiters ist das eine. Was ist denn mit den Kollegen?

Hierarchien und Mobbing

X: Soll ich die anderen Mitarbeiter auffordern, mal genauer ihren Kollegen zu kontrollieren?

C: Nein, das meine ich nicht. Kann es nicht sein, daß die Kollegen schon längst wissen, daß da ein Kollege häufig privat telefoniert?

X: Ja klar.

C: Was hält Sie davon ab, die Sache offen anzusprechen?

X: Ich weiß doch nichts Definitives.

C: Sie wissen, daß dieser Mitarbeiter seine Arbeit nicht schafft.

X: Darüber haben sich einige Mitarbeiter auch schon beschwert.

C: Haben Sie denn auch schon mit dem Mitarbeiter, den es betrifft, darüber geredet?

X: Nein. Stimmt, da haben Sie recht. Ich war immer nur darauf fixiert, daß dieser Mitarbeiter privat möglicherweise telefoniert und habe gar nicht gesehen, daß er seine Arbeit nicht schafft. Und ich muß eingestehen, wenn dieser Mitarbeiter seine Arbeit schaffen würde, wäre mir das private Telefonieren auch nicht so wichtig. Ich fänd es zwar nicht gut, aber einem guten Mitarbeiter würde ich das eher nachsehen.

C: Ihr Anliegen ist demnach, daß dieser Mitarbeiter – aus welchen Gründen auch immer – seine Arbeit nicht zu Ihrer Zufriedenheit leistet.

X: Genau, und darüber muß ich mit ihm reden. Und wenn ich an den Anfang unseres Gespräches denke, dann muß ich auch mit den anderen Mitarbeitern reden, denn die sind verärgert über diesen Kollegen, weil sie für ihn mitarbeiten müssen.

C: Und wer weiß, was sich da noch alles zusammengebraut hat.

X: Aber wieso kommen dann die Mitarbeiter nicht zu mir?

C: Vielleicht haben sie Angst. Einen Mitarbeiter schwärzt man nicht gerne an.

X: Jaja, ich sehe das meist aus meiner Sicht und vergesse, wie ein Mitarbeiter auch mit seinen Kollegen klarkommen muß.

C: Da sind eine ganze Menge Gefühle mit im Spiel. Und möglicherweise haben Ihre Mitarbeiter Ihnen das alles schon erzählt?

X: Sie meinen in Geschichten verschlüsselt? Darüber haben wir das letzte Mal ja auch geredet.

C: Fällt Ihnen etwas dazu ein?

X: Spontan nicht, ich denke mal darüber nach.

C: Die Mitarbeiter trauen sich vielleicht nicht und hoffen, daß Sie diese Geschichten oder Andeutungen verstehen und schauen auf Ihre Reaktionen, aus denen sie ablesen wollen, ob Sie es verstanden haben. Eine ganz schön komplizierte Angelegenheit!

X: Das kann man wohl sagen. Mir ist jetzt auch klargeworden, was in unseren Gesprächen – und vor allem auch heute – eigentlich abläuft. Wir klären hier Muster, Gefühle, Verhaltensweisen usw., die im Vorfeld bereinigt werden müssen, um ein effektives Handeln zu gewährleisten. Darüber habe ich mir bisher wohl zu wenig Gedanken gemacht. Das ist auch nicht ganz so angenehm. Das Beispiel vom besagten Mitarbeiter hat mir klargemacht, daß meine Art und Weise mit den Gefühlen umzugehen auch mein konkretes Handeln beeinflußt. Und das wiederum hat Auswirkungen auf die Mitarbeiter.

Glaubwürdigkeit

C: Schön.

X: Ja, ich bin zufrieden.

C: Dann bis zur nächsten Woche.

Theorie

Der fünfte Schritt ist in viclen Coachingprozessen die Sitzung der Ernüchterung. Nichts scheint zu gelingen, Coaching wird in Frage gestellt, weil bisher kein Ergebnis zu erkennen ist. Nun werden Gefühle sichtbar. Bis zu dieser Sitzung ging der Coachee die Sache noch sehr rational an, doch nun ist er enttäuscht. Und wiederum ist es die Aufgabe des Coachs, die Weichen richtig zu stellen. Der Coach versucht nicht, mit Techniken oder neuen Versuchen den Coachee wieder zu motivieren. Er hält im Wissen um die mögliche weitere Entwicklung diese unangenehme Situation aus. Möglicherweise richten sich die Aggressionen des Managers auch gegen ihn, weil er auf ihn projiziert, daß etwas nicht funktioniert. Transferprobleme werden deutlich. Wenn bis zu dieser Sitzung noch alles sachlich erklärt werden konnte, so gerät man hier in eine Situation, in der Erklärungen nicht mehr weiterhelfen. Hier muß der Coach handeln, ohne von seiner Vorgehensweise abzuweichen. In dieser Situation muß er seine Glaubwürdigkeit unter Beweis stellen. Möglicherweise tut er dies in sehr paradoxer Form, indem er einen Hofnarren spielt, also jemanden, der dem Manager den Spiegel vorhält. Der Coach macht sich scheinbar lustig über den Coachee. Dabei kommt es auf seine Kunstfertigkeit an, diese Paradoxie auch wieder aufzuheben. Er macht damit deutlich, daß Humor eine Möglichkeit ist, ernsthafte Situationen aus ihrer Aussichtslosigkeit herauszuholen, ohne der Situation zu entfliehen.

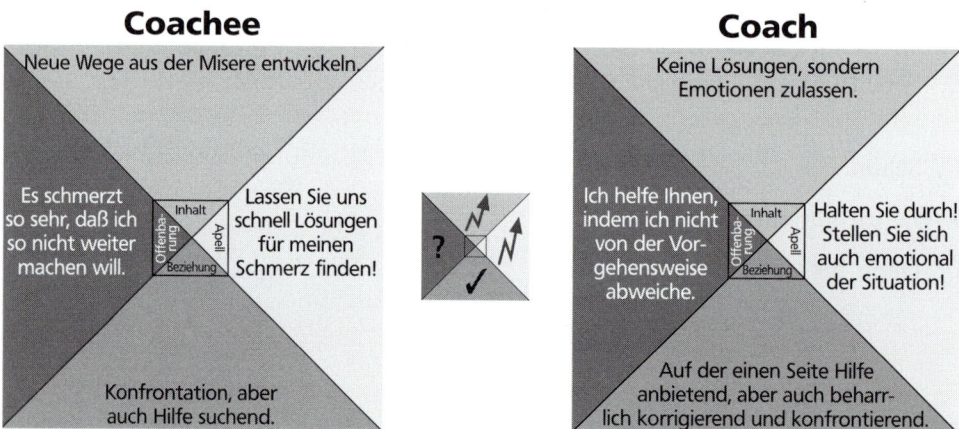

Für die Kommunikation zwischen Coach und Coachee hat diese Phase eine zentrale Bedeutung und ist wichtig für die weitere Zusammenarbeit. Dem Coachee fällt es zunehmend schwerer, das Leid und den Schmerz auszuhalten, der durch die bisherigen Erkenntnisse und Wahrnehmungen entstanden ist. Um diesen Gefühlen zu entgehen, sucht er nach sehr praktischen Lösungen. Er möchte die Emotionen umgehen. Das kann der Coach nicht zulassen, weil wirkliche Veränderung mit Emotionen wie Trauer und Leid verbunden ist. Der Coachee muß sich von bisherigen Gewohnheiten trennen. Dies kann nur geschehen, wenn er Emotionen und Gefühle zuläßt und durchlebt. Daher weicht der Coach nicht von seiner Vorgehensweise ab und konfrontiert den Coachee immer wieder mit der Situation. Nur so kann der Coachee die Suche nach Ursachen und wahrer Veränderung weiterverfolgen und gleitet nicht ab in schnelle und häufig oberflächliche Übergangslösungen. Gerade die Hinnahme dieser Diskrepanz, der Unterschiede in den aktuellen Zielen, zeichnet den Prozeß und die Kommunikation zwischen Coach und Coachee aus.

Kommunikation

Ein wichtiges „Arbeitsgebiet" für Coaching ist die Kommunikation. Durch sie soll der Coachee für die Herstellung von Wirklichkeit sensibilisiert werden. Ein Unternehmen, in dem die Mitarbeiter unterschiedliche Sprachen (im Sinne von Bedeutungszuschreibungen) sprechen, kann kaum Entwicklungen vorantreiben, weil auf der Metaebene keine gemeinsame Basis des Austauschs besteht. Eine Führungsperson muß es schaffen, die Vorgänge in einem Unternehmen zu benennen. Diese Bezeichnungen müssen dann auch von den Mitarbeitern angenommen werden. Im Coaching geht es darum, Sprachsensibilität zu schaffen, ein metakommunikatives Verständnis zu entwickeln und Vorgehensweisen für die Herstellung einer einheitlichen Sprache zu erarbeiten. Das Erzählen von Geschichten ist ein wesentliches Element dieser Wirklichkeitsbildung. Ferner gehört die Auseinandersetzung mit Symbolen und Bildern dazu.

Hier wird wiederum deutlich, wie notwendig die Distanz des Coachs ist. Lebt er in derselben Sprachwelt wie der Coachee, ist es ihm nicht möglich, die Wirklichkeiten zu erfassen. Der Coach schafft im Gegenteil neue Sprachmuster, indem er die Dinge mit seiner Sprache benennt. Da er von außen in das System hineinkommt, wird seine „Übersetzung" in den Sprachgebrauch übernommen. Der Coach schafft einen neuen Bezugsrahmen für die Wirklichkeit des Unternehmens, weil er als unabhängiger und außenstehender Beobachter mehr Wahlmöglichkeiten hat, die Wirklichkeit des Unternehmens zu deuten. Anderseits ist der Coach in die Kommunikationsformen des Unternehmens nicht fest eingebunden und damit von bestimmten Sichtweisen der Realität ausgegrenzt.

Die Funktionalität von Organisationen beruht vor allem in dem durch Sprache hergestellten Konsens.

Im Coaching-Prozeß kommt es immer wieder zu Mißverständnissen, Sprachverwirrungen oder Transferproblemen, und es ist die Kunst des Coachs, einen Konsens herzustellen. Der Coach kann durch die Benennung einer solchen Konsensbildung den exemplarischen Charakter dieses „Sprachproblems" deutlich machen. Das Ergebnis dieser „Sprachforschung" ist die Abkehr vom Fragen zum Hinhören. Menschen, die sich intensiv mit Kommunikation auseinandersetzen, lernen, auf die Zwischentöne zu hören. Diese Nuancen erschließen oft den eigentlichen Sinn einer Aussage. Coaching will die Einstellung zur Kommunikation dahingehend verändern, daß Sprache nicht als Manipulationsmittel, sondern als Instrument zur Erforschung der Wirklich-keitsdeutung gesehen wird.

Kommunikation wird beim Coaching vor allem als Deutung der Wirklichkeit betrach-tet. Coach und Coachee werden zu Forschern der Unternehmenskultur. Sie untersu-chen die Bildung einer gemeinsamen Sprachkultur und spüren Konflikte dadurch auf, daß den Deutungen der Realität, die sich in den „Sprachen" äußern, nachgegangen wird.

Glaubwürdigkeit

Wenn zwei Menschen sich begegnen, stellen sie sich irgendwann die Frage: Kann ich dem anderen trauen? Wenn sie miteinander reden, werden die Aussagen auf ihre Glaubwürdigkeit hin überprüft. In unserer Zeit wird diese Thematik besonders dringlich. Umstrukturierungen führen zum Verlust gewohnter und verläßlicher „Wahrheiten". Flexibilität ist das Zauberwort unserer Zeit. Dieses Modewort tarnt möglicherweise jedoch die Ängste, die durch Verlust von Vertrautem entstehen. Denn dort wo Menschen sich auf etwas Neues einlassen, geben sie auch Gewohnhei-ten und damit Sicherheit auf.

Glaubwürdigkeit hat mit Vertrauen zu tun. Vertrauen kann Folge von glaubwürdiger Kommunikation, es kann aber auch Voraussetzung dafür sein.

Ein Unternehmen, welches seine Mitarbeiter z. B. zur Gruppenarbeit motivieren will, muß insgesamt eine glaubwürdige Unternehmenspolitik betreiben. Wenn Werkshallen im Winter zu kalt sind, der Krankenstand deshalb steigt, kann das Mana-gement nicht an die Identifikation der Mitarbeiter mit dem Unternehmen appellie-ren. Glaubwürdigkeit beginnt dort, wo ein Mensch erst einmal keine klare Erklärung hat, sondern als Suchender erkennbar wird. Coaching ist daher ein Suchprozeß und nicht ein Weg klarer Lösungen. Viele Unternehmensberater verwechseln gerade hier ihre Rolle; sie verstehen sich als die eigentlich Handelnden. Der Berater und insbe-sondere der Coach handelt nicht auf der Unternehmensebene, er unterstützt die Handelnden im Vorfeld der Handlung, damit sie verantwortlich handeln. Der Coach sieht aus seiner Perspektive das Handeln als einen Prozeß und nicht als endgültige Lösung. Glaubwürdigkeit zeigt sich somit darin, wie ein Mensch sein Handeln im Zusammenhang von Zeit, Ort und eigenen Einschränkungen sieht.

Wer menschliches Verhalten individualisiert und die Einflußfaktoren des Systems, der Umgebung, des Teams usw. nicht beachtet, muß Glaubwürdigkeit letztendlich zu einer Glaubwürdigkeitsprüfung machen. Der einzelne Mitarbeiter soll beweisen, daß er vertrauenswürdig ist. Es wird nicht gefragt, ob der Mitarbeiter z. B. aufgrund seiner Angst vor Arbeitslosigkeit anders redet, als er denkt. Wer dennoch einen ande-ren als glaubwürdig oder unglaubwürdig bezeichnet, hat damit auch ein moralisches Urteil gefällt. Diese Moralisierung erzeugt Schuldgefühle und Hilflosigkeiten.

Glaubwürdigkeit erweist sich in der Kommunikation, indem das Risiko zur persönlichen Begegnung eingegangen wird. Wenn Gespräche, wie z. B. Rückkehrgespräche, standardisiert sind, ist dies eine Möglichkeit, der persönlichen Begegnung aus dem Weg zu gehen. Solche „normierten" Gespräche erweisen sich damit als Hemmnis für Glaubwürdigkeit. Ein Vertrauen in das System oder Unternehmen ist abhängig vom Vertrauen in die Person und umgekehrt.

Coaching ist eine professionelle Form der persönlichen Begegnung, die von der Glaubwürdigkeit von Coach und Coachee getragen wird. Glaubwürdigkeit zeigt sich in der Unmittelbarkeit eines Gesprächs, von daher ist jede Technisierung, Methodisierung oder jeder Versuch, das Gespräch in eine ganz bestimmte Form zu bringen, kein förderlicher Weg.

Hierarchien und Mobbing

Führen heißt nicht entmündigen, sondern Autorität gegen eine andere setzen. Kreativität ist von einem guten Betriebsklima abhängig. Das Vertrauen auf die Eigendynamik ist dabei Voraussetzung.

In einer klaren Hierarchie wird der einzelne Mitarbeiter dadurch entlastet, daß der jeweilige Vorgesetzte die Verantwortung übernimmt. Wird die Angst bei den Managern reduziert, verlagert sie sich auf die Mitarbeiter. Auf diese Weise entsteht ein Zyklus von Selbstzufriedenheit und Panik.

Eine flache Hierarchie wiederum beinhaltet eine große Gefahr der Angstpotenzierung, weil eine Schattenhierarchie entstehen kann, die, da sie nicht offiziell ist, kaum Interventionen ermöglicht.

Ein beispielsweise durch solche Angst entstehendes Mobbing führt zu hohen Kosten durch Fehlzeiten, schlechtes Betriebsklima, sinkende Leistungen, Demotivation und gegenseitige Blockade. Mobbing reduziert die Eigenverantwortung und Risikobereitschaft. Häufig ist der Chef Dreh- und Angelpunkt, weswegen Mobbing geleugnet wird. Es wird zu einem Führungsproblem. Der Vorgesetzte kann beim Lösen des Konfliktes keine Richterrolle übernehmen, sondern allenfalls als Moderator fungieren.

Coaching macht deutlich, daß neben offiziellen Strukturen Unternehmen von unbewußten Dynamiken beeinflußt werden. Sogenannte Schattenhierarchien können zu fast unlösbaren Konflikten werden, wenn eine Führungskraft zu spät seine Autorität zur Klärung nutzt.

Der Coach als Hofnarr

Menschen sind auf Personen fixiert und nicht auf Programme. Es gilt daher, emotionale Zugänge zu schaffen. Es bedarf eines Menschen im System, der sagt, was gedacht wird. Diese Funktion haben viele Jahrhunderte hindurch die Hofnarren übernommen. Lange Zeit waren sie einfältige Tölpel, über die sich die Menschen lustig machten. Erst im 15. Jahrhundert vollzog sich ein Wandel, und der Narr wurde zu einem klugen Spötter, der sich über die Menschen und ihre „Dummheiten" lustig machte.

Der Narr ironisiert und bricht gesellschaftliche Umgangsformen auf, um die erlernten und gleichzeitig blockierenden Formen des Umgangs mit Peinlichkeiten aufzudecken. Dies muß er in einer ihn eher brüskierenden Art tun, damit er wiederum den anderen vor den Peinlichkeiten schützen kann.

Eine Führungskraft, die sich als Moderator versteht, kann sich zwar nicht in gleicher Weise wie der Coach als Hofnarr verhalten, doch ist die Kunst der Moderation auch die Fähigkeit, Gefühle wie Aggressionen, Peinlichkeiten auf sich zu ziehen, bis genügend Aufklärung oder Sicherheit entstanden ist, daß die Gefühle nicht gegen eine Gruppennorm verstoßen.

Ein harmloserer Begriff als Hofnarr wäre der des Querdenkers. Dieser Begriff scheint uns jedoch hier nicht passend, da dieser Terminus zu schnell von seiner provokanten Bedeutung entschärft werden kann. Der Querdenker braucht sozialen Mut nicht zu beweisen, da er sich als Person nicht riskiert, sondern in der Rolle des Querdenkers seine Wichtigkeit beweisen kann. Der Begriff Hofnarr als bildhafter oder symbolischer Ausdruck läßt die Bedeutung offener als der Begriff des Querdenkers, denn manchmal kommt man einem Problem gerade dann näher, wenn nicht quergedacht wird, sondern ein Gedanke weitergedacht und an einer bestimmten Stelle eine Absurdität deutlich wird. Der Hofnarr weiß nicht unbedingt, warum er auf eine bestimmte Weise handelt, er riskiert einfach einen Gedanken. Der Querdenker steht unter dem Druck, anders denken zu müssen. Der Hofnarr wirft das Denken auf das Gegenüber zurück. Und hier riskiert der Hofnarr seinen Auftrag, denn als Berater soll er doch wissen, wie es weitergehen kann. Der Hofnarr jedoch experimentiert, spielt mit den Gedanken und Möglichkeiten. Er weiß nicht, wohin dieses Spiel führt. Gelingt es ihm, daß der Coachee mitmacht und sich vom streng logischen Denken löst, dann ergeben sich Möglichkeiten aus gerade diesem Blickwinkel.

Ebenso ist der Hofnarr von einem Generalisten abzugrenzen. Ein Coach sollte zwar daran arbeiten, in seinen Persönlichkeitseigenschaften ein Generalist zu sein. Aber in der Rolle des Hofnarren ist es für ihn leichter, die Diskrepanz auszuhalten zwischen Verstanden-werden-wollen und bewußter Distanzierung. Dies ist deshalb von so großer Bedeutung, weil ein Gedanke sowohl sachlich als auch emotional zum Gegenüber überspringen muß.

Der Coach schlüpft vor allem dann in die Rolle eines Hofnarren, wenn gewohnte Verhaltens- und Gedankenmuster ein Fortkommen verhindern. Dieses spielerische Aufweichen von „Gewißheiten" läßt eine Atmosphäre entstehen, die den Coachee nicht brüskiert, sondern ein kooperatives Miteinanderringen ermöglicht.

Intimität

Die persönliche Begegnung im Coaching-Prozeß streift Themen, die sehr intim werden können und daher einer besonderen Aufmerksamkeit bedürfen. Mit dem Begriff Intimität ist hier der Schutz der persönlichen Würde gemeint. Die Intimität wird einmal durch die Schweigepflicht des Coachs gewährt, zum anderen durch die Achtung vor dem anderen. Dies bedeutet, daß ein Coach, wenn er es für nötig hält, eingreift, falls der Klient zu intime Dinge erzählt, für die er sich später schämen könnte. Die Wahrung der Intimität schließt ein, daß Schamgrenzen eingehalten werden. Jede Veränderung und Weiterentwicklung ist mit einem Eingeständnis verbunden. Micha Hilgers schreibt in seinem Buch über Scham dazu: „Jede mögliche Innovation stellt eine potentielle Schamquelle dar: Der Verzicht auf neue Ideen, abweichende Vorschläge oder anderes Verhalten führt zur Abhängigkeitsscham im Individuum. Sich mit der Innovation zu präsentieren, bedeutet ein Zurschaustellen eigener Inhalte und letztlich der eigenen Person – mit der Möglichkeit beschämender Ablehnung oder mit Stolz erfüllender Annahme durch das Kollektiv." (Hilgers S. 167). Für das Coaching bedeutet dies die Notwendigkeit, Scham immer wieder zum Thema zu machen, denn Innovation ist ein wesentlicher Bestandteil von Coaching. Wenn Schamkonflikte nicht berücksichtigt werden, bilden sich Strategien heraus, die über den Weg der Macht die Scham umgehen. Wer Scham nicht zuläßt, muß das Gefühl von Peinlichkeit durch scheinbare Stärke kompensieren. Dies wiederum verhindert eine Weiterentwicklung, weil ein Schritt nach vorne immer auch das Eingeständnis bedeutet, daß man bislang noch nicht so weit war. Scham ist in diesem Verständnis ein Teil der Identitätsentwicklung. Dies gilt für den einzelnen als auch für Gruppen. Teams, die Scham oder Peinlichkeiten nicht zulassen, können sich nicht weiterentwickeln. Läßt es die Kultur eines Teams nicht zu, daß jemand gesteht, etwas nicht zu können oder nicht zu wissen, dann ist das, was lernende Organisation genannt wird, nicht möglich.

Weiterhin prägt der Umgang mit Scham maßgeblich die Bewältigungsstrategien für Konflikte und Belastungen. Streß, Mobbing, Gewalt stehen in engem Zusammenhang mit beschämenden Interaktionen. Dem einzelnen ist es peinlich, auf einen anstößigen Witz ungehalten zu reagieren. Dadurch fühlt sich der Witzeerzähler aufgefordert weiterzumachen. Auf diese Weise entsteht ein Teufelskreis, bei dem die Hemmschwelle zum Eingreifen immer höher wird.

Die Aufgabe des Coachs ist es, für diesen menschlichen Bereich sensibel zu machen. Die Wechselwirkung von Scham und Identitätsentwicklung bzw. Innovationen kennzeichnet das Fortschreiten im Coaching-Prozeß. Der Verlauf ist daher auch zyklisch, mal steht die Scham im Vordergrund und danach wieder die Gewißheit über einen Fortschritt. Werden die Schamkonflikte nicht berücksichtigt, kommt es zu Machtkämpfen, die vom anstehenden Thema wegführen. Damit Scham im Coaching-Prozeß konstruktiv genutzt werden kann, ist der Schutz der Intimität eine unabdingbare Voraussetzung.

Coaching bedeutet, Scham als ein dynamisches Element für Veränderungen und Inno-
vationen deutlich zu machen. Dies geschieht vor allem dadurch, daß der Coach
aktuelle Situationen im Coaching-Prozeß als Schamsituationen benennt und seine
eigene Scham und die des Coachees achtet.

Mut

Mutig ist zunächst einmal der, der eine Verwundung hinnehmen könnte. Dies zeichnet den Mutigen aus, er traut sich eine Handlung zu, bei der ihm Schmerzen oder
Schaden zugefügt werden könnten. Der Mut zum Selbstsein ist eine zirkuläre Entwicklung. Mit meinem Selbst bin ich nie fertig. Den Mut, Ich selbst zu sein, muß ich
immer wieder neu aufbringen. Das gilt auch für das Coaching. Der Coaching-Prozeß
ist nie abgeschlossen, der Coachee weiß nach zehn Sitzungen nur, wie er eigenstän-
dig weitermachen kann.

Ich selbst zu sein, bedeutet, sich ganz zu riskieren. Coaching verlangt den Menschen
ganz. Der Coachee erfährt, daß er als Manager nicht nur in einer Rolle agiert, sondern
sich als ganzer Mensch einsetzt.

Der Mut zu einer Tat ist davon gespeist, daß das Ziel erstrebenswert ist. Ist das Ziel
erreicht, wird der Mutige belohnt bzw. hat etwas gelernt, was ihn stärker, wissender,
ethisch besser macht. Der Mutige versucht ein höheres Gut zu erreichen, das ihn wiederum motiviert. Der Coachee erlangt durch seinen Mut die Genugtuung über seinen Wert, die ihn neu stärkt und ermutigt. Er kann seinen Mitarbeitern konfrontati-
ver begegnen, weil er sich seiner eigenen Redlichkeit sicher ist, denn der Mutige richtet seinen Mut an einem höheren Wert aus. Immer ist der Mutige vor die Tatsache
gestellt, daß er nicht mehr ausweichen kann und gezwungen ist, standzuhalten. Dies
aber ist ein wesentlicher Aspekt des Selbstseins. Der Mutige ist letztendlich derjenige,
der sich der Situation stellt und sich mit seinem Selbst auseinandersetzt. Der Coachee
gewinnt bei seinen Mitarbeitern auf diese Weise eine größere Glaubwürdigkeit.

Der Mutige beweist im Standhalten seine Geduld. Auch während des Coachings
erlebt der Coachee, daß der Coach unbeirrt am Vorhaben Coaching festhält, auch
wenn scheinbar nichts geschieht, der Prozeß stagniert oder alles nach einem Schritt
zurück aussieht. Der Mutige beweist Geduld und erlebt so seine Beständigkeit.

Wer Mut hat, braucht sich nicht egozentrisch darzustellen. Er schützt sich damit vor
sich selbst. Der Coachee kann die Aktivitäten fallen lassen, die vor allem der Selbst-
präsentation dienen. Damit aber gewinnt der Coachee Zeit und Energie, um sich seiner Arbeit zu widmen. Mut zum Selbstsein ist das rechte Umgehen mit den eigenen
Bedürfnissen. Der Coachee erlebt, daß sich private Interessen und Beruf nicht ausschließen. Er wird gelassen und geduldig, um auf Entwicklungen warten zu können.

Dabei ist der Weg zum Selbst sinnlich. Nur wer zu seinem Körper ein gutes Verhältnis hat, kann Vernunft entwickeln, denn Vernunft ist ohne körperliche Empfindung

nicht denkbar. Mut zum Selbst ist also lustvoll. Auch dies soll im Coaching deutlich werden.

Der Mut zum Selbst kann nur freiwillig geleistet werden. Freiwilligkeit ist jedoch nicht nur das Fehlen von körperlichem oder psychischem Zwang, sondern auch die Abwesenheit von argumentativer Überzeugung. Der Coach kann und darf den Coachee auf keine Art und Weise überreden.

Coaching ist die Auseinandersetzung mit dem Mut zum Selbst. Dieser Schritt ist immer freiwillig und kann nicht durch Techniken, Überreden, Geheimniskrämerei u.ä. erreicht werden. Der Mut zum Selbst erspart dem Coachee viel Energie, da er sich selbst riskiert, keinen Aktivismus verbreiten muß und sich anderen so präsentieren kann, wie er ist.

Provokation und Humor

„Nicht durch Zorn, sondern durch Lachen tötet man."(Nietzsche). Lachen nimmt dem Starken die Macht. Humor schafft die Voraussetzungen für das Lachen und ist damit kreatives Denken, das Spaß macht. Humor und Lachen sind gesundheitsfördernd. Auf die Unternehmensebene übertragen bedeutet dies, daß scheinbar unlösbare Probleme durch Humor dennoch gelöst werden können, weil der Humor scheinbare Gegensätze vereint. Der Humor ermöglicht es, kreativ mit Aufgaben umzugehen, sich selbst unter einem neuen Aspekt zu sehen, und dient als individueller und sozialer Katalysator. Humor enthält immer auch etwas provokatives, fordert im Beziehungsfeld eine Aufrichtigkeit ein, um die destruktiven Verhaltensweisen aufzulösen. Dabei wird eine Wahrheit angesprochen, die aufgrund der humorvollen Einkleidung nicht destruktiv die Beziehung belastet.

Im Coaching-Prozeß kommt es darauf an, eine Ernsthaftigkeit herzustellen, die von der Schwere befreit ist, unter der viele Unternehmen leiden. „Je mehr der Mensch des ganzen Ernstes fähig ist, desto herzlicher kann er lachen." (Arthur Schopenhauer)

Humor und Provokation ermöglichen beim Coaching ein schnelleres Hinführen zu den Blockierungen, die bei den persönlichen Eigenarten liegen.

Fazit

1. Coaching ist keine neue Technik, sondern eine eigenständige Form der Beratung.

2. Im Coaching-Prozeß gibt es Phasen, in denen der Coachee den Eindruck hat, daß es nicht weitergeht, daß der Coach bremst, daß eigentlich nichts richtig ist.

3. Der Coach ist häufig in der Rolle des Provokateurs. Dies hat keinen Selbstzweck, sondern resultiert aus dem Bemühen des Coachs, die Dinge grundsätzlich anzugehen.

4. Der Coach achtet auf die Sprache, da ein wesentlicher Teil von Coaching die Kommunikation ist.

5. Der Coach achtet auf mögliche peinliche Situationen und respektiert die Scham des Coachees. Hiermit wird erfahrbar, wie sehr schamvolle Situationen Veränderungsprozesse behindern können.

6. Für den Coach ist seine eigene Glaubwürdigkeit entscheidend. Im Verlauf des Coachings verdeutlicht der Coach, wie sehr die Glaubwürdigkeit des Coachees die Atmosphäre und Entwicklungsmöglichkeit eines Unternehmens beeinflußt.

7. Coaching initiiert den Mut zu sich selbst.

8. Mut, Tapferkeit, Zivilcourage sind deshalb ein wichtiges Thema für Coaching, weil viele Entwicklungsprozesse von Menschen getragen werden, die für ihre Ideale und Utopien eintreten.

Literaturhinweise

Camporesi, Piero (1994), Bauern, Priester, Possenreißer. Volkskultur und Kultur der Eliten im Mittelalter und in der frühen Neuzeit, Frankfurt/M New York, Campus.
Eine spannende Lektüre über die Narren im Italien des Mittelalters.

Lever, Maurice (1983), Zepter und Narrenkappe. Geschichte des Hofnarren, München, Dianus trikont.
Wer sich über den Hofnarren informieren will, der sollte dieses Buch lesen. Man erfährt viel über die Hintergründe des Karnevals und die Kultur des Mittelalters.

Pieper, Josef (1964), Das Viergespann. Klugheit Gerechtigkeit Tapferkeit Maß, München, Kösel.
In diesem Buch erläutert der kürzlich verstorbene Josef Pieper in leichter und verständlicher Weise die vier Kardinaltugenden.

Titze, Michael (1995), Die heilende Kraft des Lachens. Mit therapeutischem Humor frühe Beschämungen heilen, München, Kösel.
In diesem Buch wird der Humor in seiner Bedeutung für die Persönlichkeitsentwicklung des Menschen beschrieben. Konkrete Humorvorschläge für eine gelungene Kommunikation schließen das Buch ab.

Titze, Michael, Eschenröder, Christof T.(1998), Therapeutischer Humor. Grundlagen und Anwendung, Frankfurt am Main, Fischer.
Dies ist eine Sammlung von Aufsätzen über die unterschiedlichen Einsatzbereiche des Humors. Wer sich eingehend mit Humor beschäftigen möchte, für den ist dieses Buch eine gute Grundlage.

6. Sitzung: Innerer Kampf

Dialog zwischen Coach C und Coachee X

X: Das letzte Gespräch war wie ein Kater. Nach dem Rausch des Tatendrangs kam die Ernüchterung. Ich hatte in der letzten Woche tatsächlich so heftige Kopfschmerzen, daß ich mich am Donnerstag schon um 22.00 Uhr ins Bett gelegt habe, was für mich recht ungewöhnlich ist. Übrigens, so ganz am Rande, meine Frau fragt ganz interessiert nach Ihnen und will Sie gern mal kennenlernen. Vielleicht haben Sie ja Lust, uns einmal zu besuchen.

C: Vielen Dank für die Einladung, doch private Kontakte gehe ich nicht ein, um keine Vermischungen aufkommen zu lassen.

X: Das macht doch nichts.

C: Erzählen Sie lieber, was Ihre Frau bewegt hat, mich kennenlernen zu wollen.

X: Nun, sie meint, daß ich ihr gegenüber aufgeschlossener geworden wäre und die Kinder auch schon gefragt hätten, was denn mit ihrem Papa los wäre.

C: Schön. Wie erleben Sie sich denn selbst?

X: Zu Hause fühle ich mit akzeptiert, ich erlebe mich nicht nur als Ernährer. Ich rede mit meiner Frau mehr über die Kinder, wir spüren – wenn ich ehrlich bin – auch ein wenig Angst.

C: Mit der Einladung hat Ihre Frau möglicherweise auch verbunden, daß sie überprüfen kann, ob sie mich als Freund oder Feind sehen muß.

X: Das kann schon sein.

C: Haben Sie an den Reaktionen Ihrer Mitarbeiter auch schon etwas bemerkt.

X: Das wäre Spekulation. Aber irgendwie merken meine Mitarbeiter etwas. Nur wie sollten meine Mitarbeiter das ausdrücken können, wenn ich selbst auch nicht genau weiß, was sich da eigentlich verändert hat.

C: Vielleicht kann man es so formulieren: Es ist etwas in Bewegung gekommen, und man hört erst einmal das Knacken der Räder, die sich längere Zeit nicht bewegt haben.

X: Das ist ein gutes Bild, ja ...

C: Sie hatten vorhin von Ihrer Angst gesprochen . . .

X: Es ist ein wenig albern . . .

C: Wieso? Was ist albern?

X: Ich verstehe mich wirklich sehr gut mit meiner Frau, trotzdem habe ich Angst, daß etwas passiert?

C: Ist Ihre Frau attraktiv?

X: Oh ja, sehr . . . Wieso fragen Sie?

C: Dann hat Ihre Angst eine Berechtigung. Ihre Frau ist auch für andere Männer attraktiv.

X: Das ist sicherlich so, aber ich bin mir sicher, daß sie mir treu ist. Das ist ja das Alberne. Ich vertraue meiner Frau und bin mir ihrer sicher, und trotzdem habe ich da so eine komische Angst.

C: Ihre Frau, wie Sie sagten, ja auch.

X: Ja, sie sagte, irgendwie hätte sie Angst, wisse aber gar nicht wovor? Worüber reden wir jetzt eigentlich? Das gehört doch nicht hierher.

C: Wechseln wir das Thema.

X: Stimmt, wieso erzähle ich Ihnen dies alles. Wir haben schon einige Stunden miteinander verbracht, und ich habe eine ganze Menge von mir erzählt, über Sie weiß ich gar nichts. Ich weiß auch gar nicht, welche Qualifikationen Sie eigentlich haben.

C: Ihren Einwand verstehe ich, Ihre Frage nach meiner Qualifikation ist auch eine Anfrage an das Vertrauen.

X: Ja, kann ich Ihnen eigentlich vertrauen. Kann ich mir sicher sein, daß diese ganze Veranstaltung mit Ihnen hier zum Vorteil meines Unternehmens ist.

C: Ich kann Ihnen da keine Sicherheiten geben. Ich kann das Risiko, die Unwägbarkeiten nicht ausschließen bzw. nicht für Sie tragen.

X: Aber Sie müssen mir doch irgendwie garantieren können, daß ich hier meine Zeit nicht vertue.

C: Das, was ich tun kann, ist folgendes: Ich kann durch das Benennen dessen, was ich wahrnehme, Ihnen das Handwerkszeug an die Hand geben, mit dem Sie selbst beurteilen können, ob Sie gerade auf dem richtigen Weg sind.

X: Das erscheint mir ein bißchen wenig.

C: Ich erinnere mich noch an die zweite Sitzung. Da erzählten Sie vom Narren bei Shakespeare.

X: Wie kommen Sie denn jetzt darauf?

C: Der Narr ist derjenige, der den Überblick hat.

X: So komme ich mir jetzt aber gar nicht vor. Ich bin sehr unschlüssig. Die Rolle des Narren habe ich mir lange genug eingeredet, die Rolle des Unbeteiligten ist ja einfach: nur zu kommentieren, verlangt keinen großen Einsatz. Ich bin hin und her gerissen. Daß ich von meiner Frau erzählt habe, war vielleicht auch nur ein Ausweichen.

C: Und was ist das eigentliche Thema?

X: Ehrlich gesagt, ich weiß es nicht. Ich habe doch vorhin erzählt, daß ich Kopfschmerzen hatte und mich schon um 22.00 Uhr ins Bett gelegt habe. Wenn ich jetzt darüber nachdenke, fällt mir auf, wie sehr ich getrieben bin, ich möchte anhalten, aber ich weiß auch, daß das nicht geht.

C: Erzählen Sie weiter.

X: Vieles, was ich mache, mache ich schon lange so, wollte schon immer die Dinge einmal grundsätzlich überdenken, aber ich komme nicht dazu. Und bei vielen Dingen weiß ich gar nicht mehr, warum ich sie so mache. Durch die Gespräche mit Ihnen habe ich neue Kraft bekommen, doch jetzt habe ich das Gefühl leer zu sein.

C: Sie kommen mir nicht so vor.

X: Ja, es stimmt auch gar nicht, ich weiß auch nicht, was es ist.

C: Vielleicht eine tiefe Sehnsucht?

X: Ja, so etwas ist es. Wissen Sie was? Es kommt mir schon wieder albern vor, aber ich fühle mich irgendwie glücklich. Komisch, solche sentimentalen Situationen habe ich sonst vermieden.

C: Aber diesmal ist die Situation nicht kitschig.

X: Stimmt, ich weiß zwar nicht, was es ist, aber ich fühle etwas Starkes in mir.

C: Oh, jetzt hätten wir fast die Zeit vergessen.

Theorie

Der sechste Schritt ist der Schritt, der nach dem Abgrund kommt. Gefühle wie Trauer, Zorn, Verzweiflung können auftreten, weil man glaubte, daß es nach der fünften Sitzung wieder vorwärts ginge. Hier geht es darum zu akzeptieren, daß man traurig ist, und es geht um Identität, die sich erst dann bewährt, wenn man sein Ich nicht mehr über Erfolge definieren kann. Es wird deutlich, daß diese Zustände nicht geplant werden können und daß es auch nicht möglich ist, durch eine gute Organisations- oder Zeitplanung diesen Gefühlen auszuweichen.

Im sechsten Schritt erfährt der Coachee, daß er solche Situationen aushalten muß und Gefühlen begegnet, die nicht angenehm sind. Dabei wird aber auch deutlich, daß durch das Aushalten, durch die Passivität etwas neu aufkeimen kann, so daß Passivität als Aktivität erfahren wird. Der Coach verdeutlicht, daß Entwicklungen dadurch beeinflußt werden, daß man im Geschehen bleibt und auch durch Nichtstun Veränderungen herbeiführen kann.

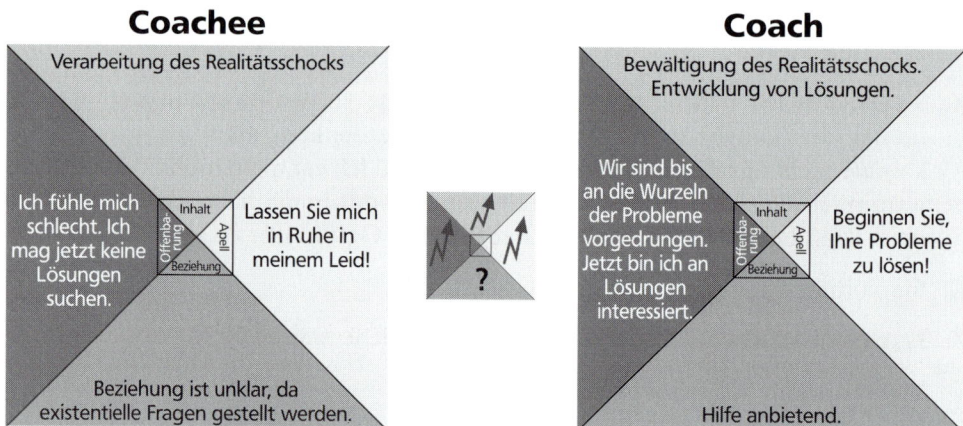

In dieser Phase wird dem Coachee das Ausmaß der Problematik bewußt. Er ist so voller Schmerz und Leid, daß er häufig nicht einmal mehr nach Lösungen sucht. Vieles ist unklar oder sogar existentiell in Frage gestellt. Ein Weg ist nicht klar ersichtlich. An dieser Stelle ist es die Aufgabe des Coachs, dem Coachee deutlich zu machen, daß jetzt, nach wirklichem Empfinden der Situation, der Zeitpunkt gekommen ist, nach konkreten Lösungen zu suchen. Jetzt ist Handeln angesagt. Somit sind an dieser Stelle kommunikative Probleme zu erwarten, da die Partner unterschiedliche Inhalte auf unterschiedliche Art und Weise verfolgen wollen. Der Coach bietet seine Unterstützung im Prozeß an.

Komplexität

„Langfristigkeit ist zu komplex" schreibt der Philosoph und Medienkritiker Norbert Bolz (Bolz I, S. 516). Der Zwang zur Aktualität, wie er in der Wirtschaft schon zur Alltäglichkeit geworden ist, führt zu einer rasanten Beschleunigung, die die Frage nach langfristigen Planungen oder nach einem Programm gar nicht mehr aufkommen läßt. Programmatische Inhalte sind mit Überlegungen verbunden, die jedoch den Prozeß verlangsamen. Wer sich Gedanken macht, der ist nicht offensichtlich produktiv, dem wird Handlungsunwille vorgeworfen. Auf diese Weise werden Politik und Wirtschaft programmatisch entleert. Eine Unternehmensphilosophie erscheint in solchen Zusammenhängen zynisch. Man kann vielleicht soweit gehen, zu behaupten, daß die Suche nach Sinn als Verweigerung zu verstehen ist, sich mit der Komplexität auseinanderzusetzen.

Die Handlungsfähigkeit in komplexen Strukturen verlangt nicht die Suche nach „Sinn", sondern das Wissen um sich selbst, also die Erfahrung aus einem Entwicklungsprozeß, die Identität.

Um Identität zu erfahren, ist es vonnöten, die eigene Entwicklung oder die Entwicklung des Unternehmens als Geschichte eines Programms zu entdecken. Dafür braucht man jedoch Zeit. „Wenn man in einem komplexen System wie einem Ministerium oder Unternehmen Zeit gewinnen will, gibt es nur ein Mittel: Vertrauen." (Bolz I, S. 516). Bolz schreibt weiter: „Starke Führungspersönlichkeiten haben den Mut zum Risiko des Vertrauens." (Bolz I, S. 517) An diesem Punkt setzt Coaching an. Die Bereitschaft eines Managers, sich Zeit für Coaching zu nehmen, ist schon die Erkenntnis, daß gewisse Prozesse nur durch eine Verlangsamung zu lösen sind. Auf dieser Erkenntnis baut der Coaching-Prozeß auf.

Eine gesteuerte Zukunft resultiert aus der Verarbeitung der Vergangenheit. Wenn jedoch die Vergangenheit schon veraltet ist, bevor sie in der Gegenwart begriffen ist, dann kann die Zukunft nicht mehr aus der Gegenwart heraus entworfen werden, ist also eher ungesteuert. Damit nimmt die Komplexität zu. Nur durch bewußte Hinwendung zur Vergangenheit wird diese Komplexität durchschaubar. Das wiederum bedeutet, Vertrauen in die Gegenwart zu haben, da der Beschleunigungsprozeß verlassen und das Unternehmen für eine Stunde oder mehr sich selbst überlassen wird. Erst wenn man dieses Risiko eingeht, bekommt man den Mut, sich weiter im Vertrauen auf die Selbstregelungsprozesse der Vergangenheit zuzuwenden und damit Sicherheit zu geben und Vertrauen zu schaffen.

Coach und Coachee erarbeiten dabei gemeinsam, wie die Realität als ein Konzept oder Programm aus der Vergangenheit und Gegenwart heraus entworfen wurde und wird. Wir sehen nicht, daß wir nicht sehen. Was wir aber nicht sehen, konstruieren wir zu einem Ganzen, einer „guten Gestalt". Diese Tatsache ist im Coaching das eigentliche Thema. D.h. der Coachee sucht mit dem Coach nach den Lösungen oder Konstrukten aus Vergangenheit und Gegenwart, die zur „guten Gestalt" geführt haben.

Es ist dabei eher nebensächlich, was als „gute Gestalt" herausgekommen ist. Wichtiger ist der Vorgang, wie es zur Bildung dieser Gestalt kam. Diese Erkenntnisse führen zu einer veränderten Einstellung zur Komplexität, weil nachvollziehbar ist, wie sich Systeme bilden und aufrechterhalten.

Coaching kann nicht durch Analyse, Diagnose oder ein besonderes Instrumentarium die Komplexität und Unübersichtlichkeit reduzieren. Hilfreich für ein Unternehmen ist daher eher eine exakte Beschreibung von Entwicklungen als eine Analyse, die ein bestimmtes Handeln nahelegt. Das Ziel von Coaching ist es, die Vorgänge in komplexen Systemen zu verstehen und damit die Zuversicht in die Handlungsmöglichkeiten des Coachees zu stärken. Die Erfahrungen des Coachees können z.T. als Beispiele oder „Lernobjekte" dienen.

Wahrnehmung

Lernen, Veränderung und Weiterentwicklung sind immer mit dem Wahrnehmen der aktuellen Situation verbunden. Wer feine und geschärfte Sinne besitzt, ist eher in der Lage, die richtigen Schritte zu erkennen und dann zu tun. Oft wundern sich Menschen, daß ihnen nichts gelingt, sind irritiert über die Reaktionen anderer, weil sie nicht sehen und bemerken, was in einer bestimmten Situation geschieht. Manchmal reicht es, die Perspektive im wahrsten Sinne des Wortes zu verändern und es wird deutlich, was zu tun ist. Solche Klarheit in der Wahrnehmung kann nur erreichen, wer sich einmal auf Experimente mit der Wahrnehmung eingelassen hat. Beim Coaching könnten Kipp-Bilder oder andere aus der Wahrnehmungspsychologie bekannten „optische Täuschungen" und Experimente hierzu dienen. Der Coachee erkennt, wie sehr die Wahrnehmung auf bestimmte Ausschnitte der Wirklichkeit beschränkt bzw. fixiert ist. Eine Veränderung gelingt nicht, wenn der Coach Behauptungen über die Situation aufstellt. Der Coaching-Prozeß muß den Coachee dazu führen, eine andere Perspektive einzunehmen, seine Wahrnehmungseigenschaften zu erkennen, sensibler für scheinbar nebensächliche Dinge zu werden und genauer hinzuschauen. Würde der Coach lediglich Vorschläge machen und mit dem Coachee einen Plan erarbeiten, so wären diese gewiß sinnvollen Maßnahmen immer nur auf einen Einzelfall bezogen, jedoch nicht generalisierbar. Coaching hat das Anliegen, durch eine grundlegende Wahrnehmungserweiterung generell die Handlungskompetenz zu verbessern.

Eine geschulte Wahrnehmung wird als Grundvoraussetzung für ein gelungenes Coaching betrachtet. Nicht einzelne gute Beratungen werden angestrebt, sondern die Schulung der Sinne, um generell die für die Führung und Leitung eines Unternehmens wichtigen Voraussetzungen zu erfüllen.

Streß

Auch beim Thema Streß läßt sich aufzeigen, wie sehr soziale und psychologische Themen miteinander verbunden sind. Ein Manager, der die sozialpsychologischen und psychologischen Erkenntnisse zum Thema Streß kennt, wird verstehen, wie im Unternehmen Dynamiken entstehen können, die ohne diese Kenntnisse nur als lästig und ärgerlich angesehen werden. Schwierigkeiten im Unternehmen sind nie monokausal erklärbar. Die Beschwerde über eine zu hohe Streßbelastung gibt dem Manager die Möglichkeit, die Strukturen im Unternehmen neu zu überprüfen. Die folgenden Ausführungen sind daher auch als Anregung für die Beantwortung der Frage gedacht, auf welche generellen Probleme Äußerungen über zu große Belastungen hinweisen können.

Stressoren bewirken immer dasselbe Muster an Prozessen im Körper, die bei längerem Ablauf das Generelle Adaptions-Syndrom (GAS) hervorrufen: die Thymusdrüse schrumpft, die Adrenalindrüsen sind vergrößert, Gewichtsverlust und Magengeschwüre treten auf. Das sympathische Nervensystem zieht Blut aus dem Verdauungstrakt inklusive des Magens ab, um es der Muskulatur und dem Gehirn zuzuleiten. Dauert dieser Zustand länger an, wird die Widerstandsfähigkeit der Magenschleimhaut geschwächt, und der Virus Heliobakter verursacht ein Magengeschwür. Durch Streß werden weniger Antikörper hergestellt, wodurch die Arbeit des Immunsystems gehemmt wird (Immunsuppression). Je länger der Streß andauert, desto höher ist seine immunsuppressive Wirkung.

Dieser Zusammenhang läßt sich auch auf ein Unternehmen übertragen. Wo Streß auftritt, wird das System mit all seinen Ressourcen beeinträchtigt. Die Energie wird nach oben verlagert. Die Vorgesetzten bereinigen die akuten Schwierigkeiten, haben aber gleichzeitig nicht die Zeit, sich um die grundlegenden Bedingungen im Unternehmen zu kümmern; es besteht die Gefahr, daß schwerwiegende „Immunschwächen" auftreten. Kleinigkeiten können dann das System ins Wanken bringen.

Forschungsergebnisse zeigen, daß vor allem der sozio-emotionale Streß dauerhaft zu Schädigungen führt. Das Problem ist meist nicht der Zeitdruck, sondern die Art und Weise, wie Menschen diesen Druck untereinander kompensieren. Mitarbeiter sind extrem belastbar, wenn nicht gleichzeitig untereinander Spannungen existieren. Es ist daher immer sinnvoll, Beschwerden über eine zu hohe Streßbelastung als Anlaß zu nehmen, die Teamfähigkeit der Mitarbeiter anzugehen. Oft sind es versteckte Feindseligkeiten oder Mobbing, die Mitarbeiter zu einer Klage über den Streß veranlassen.

Auch zeigt sich bei den Forschungen zur erlernten Hilflosigkeit, daß ein ständiges Erleben von aussichtslosen Situationen generalisiert wird und eine depressive Neigung entstehen kann.

Mitarbeiter sind weniger kreativ, wenn sie immer wieder die Erfahrung machen, daß sie nichts ausrichten können. Die Angst der Mitarbeiter kann dazu führen, daß sie in ihren Aggressionen gehemmt sind und damit Konflikte scheuen. Dies bedeutet auch, daß ein Vorgesetzter nicht davon ausgehen kann, daß ein Mitarbeiter sich melden wird, wenn er z. B. gemobbt wird. Auch Kritik wird ein Mitarbeiter nicht vorbringen, wenn er in seinen Aggressionen gehemmt ist. In solchen Fällen muß erst der sozial-emotionale Streß geklärt werden.

Beim Coaching wird die Aufmerksamkeit darauf gerichtet, welche Bedingungen dafür notwendig sind, daß Menschen nicht unter ihren Möglichkeiten bleiben. Die Erkenntnisse der Forschung können dazu dienen, den Blickwinkel neu zu schärfen und eine Sache in ungewohnter Weise anzugehen. Streßbewältigung als solche ist kein Thema für das Coaching.

Die Streßforschung hat einige Erkenntnisse hervorgebracht, die für das Coaching relevant sind. Es wird dabei deutlich, daß es vor allem darauf ankommt, aussichtslose Situationen zu vermeiden, den Zusammenhang von Streß und Aggressionen zu sehen und insgesamt darauf zu achten, daß sozial-emotionale Streßsituationen insbesondere dazu führen, daß sich Menschen belastet fühlen.

Aggression

Unzweifelhaft ist wohl, daß jeder Mensch Ärger, Zorn, Zuneigung und andere Gefühle entwickelt. Der Umgang mit diesen Gefühlen ist jedoch abhängig von der Sicherheit der Beziehung. Wenn ein Mitarbeiter sicher sein kann, daß sein Arbeitsplatz und seine Stellung im Unternehmen nicht gefährdet ist, so wird er viel eher seine Wut offen äußern, da er nicht befürchten muß, daß seine Kollegen oder die Vorgesetzten ihm diese vielleicht sogar unberechtigte Wut auf irgendeine Weise zurückzahlen. Sind Menschen sich ihrer Position oder Beziehung nicht sicher, so verbergen sie ihre Gefühle lieber hinter gereiztem, mürrischem und grantigem Verhalten. Es ist naheliegend, daß auf diese Weise ein sehr ungünstiges Betriebsklima entsteht.

Aggression ist zunächst einmal mit dem Ziel verbunden, eine Bedrohung abzuwehren oder zu beseitigen. Insofern ist Aggression eine notwendige Äußerung des Menschen. Eine gehemmte Aggression bedeutet mangelnde Durchsetzungskraft, die oft in Familien entstehen, die restriktiv und autoritär sind.

Der Coachee steht nun vor der Aufgabe, Streitigkeiten im Unternehmen daraufhin zu überprüfen, ob wirklich Aggressionen offen ausgedrückt und ob Konflikte zu früh geschlichtet werden. Manchmal ist es besser, wenn Konflikte offen ausgetragen werden, auch auf die Gefahr hin, daß einige Mitarbeiter verletzt werden.

Der Coachee muß es verstehen, Konflikte zu provozieren, zu forcieren, aber auch zu stoppen. Und der Coachee muß wissen, wie eine Versöhnung gestaltet werden kann. Im Coaching-Prozeß versucht der Coach, die positive Bedeutung der Aggressionen herauszustellen; er befürwortet es, Streitigkeiten auszutragen, und nicht sie zu verhindern oder frühzeitig zu beenden.

Aggression wird als notwendige Fähigkeit verstanden, die Möglichkeiten der Umwelt aufzunehmen und zu verarbeiten. Coaching stellt darauf ab, die der jeweiligen Situation angemessene Form und Intensität der Aggression zu finden. Auf diese Weise werden Konflikte als konstruktive Möglichkeiten erfahren.

Fazit

1. Das Ziel des Coachings ist die Stärkung der Identität des Coachees. Eine starke Identität verhindert die sogenannten „Spielchen" zwischen den Menschen.

2. Der Verlauf von Coaching ist zwar aufgrund gemachter Erfahrungen beschreibbar, läßt sich aber nicht planen. Der Coach reagiert spontan auf die Situation, den Coachee und den Augenblick.

3. Coaching fördert den Gedanken des Nicht-Handelns. Eine operative Hektik erscheint oft wie aktives Handeln, verhindert jedoch, notwendige Maßnahmen ergreifen zu können.

4. Coaching versteht sich als eine Beratungsform, die im Zusammenhang mit der Zunahme der Komplexität zu sehen ist. Das Anliegen ist es, mit der zunehmenden Unübersichtlichkeit umgehen zu können.

5. In komplexen Zusammenhängen ist nicht allein eine hohe Analysefähigkeit vonnöten, sondern auch eine geschärfte Wahrnehmungsfähigkeit. Im Laufe des Coaching-Prozesses wird diese mehr und mehr verbessert.

6. Aggression wird als eine notwendige Form der menschlichen Äußerung gesehen. Coaching konzentriert sich auf die Integration von Aggression in das Gesamtkonzept des Coachees.

Literaturhinweise

Böckmann, Walter (1987), Sinn und Selbst. Wege zur Selbsterkenntnis,
Weinheim Basel, Beltz.
*Walter Böckmann überträgt die Theorie der Logotherapie auf die Welt der Arbeit. Er
versteht Sinn als Dientleistung an die Umwelt, die einem System Geschlossenheit gibt.
Auf diese Weise soll die Wirklichkeit auf einen Punkt gebracht werden, wobei Sinn nur
einer von vielen Punkten ist.*

Bolz, Norbert (1997), Die Sinngesellschaft,
Düsseldorf, Econ.
*Norbert Bolz gehört zu den Trendforschern, die ausgesprochen originär mit dem
Thema Trend umgehen. Die Lektüre verlangt die Bereitschaft, sich auch auf philoso-
phische Gedankengänge einzulassen.*

Bolz, Norbert, Die unerträgliche Geschwindigkeit des Seins,
in: Universitas Juni 1994, S. 514–520.
*In diesem Beitrag plädiert Bolz für die Veränderung alter Vorstellungen über die Mög-
lichkeit, durch Vernunft und Einsicht komplexe Entwicklungen steuern zu können.*

7. Sitzung: Konfrontation

Dialog zwischen Coach C und Coachee X

C: Guten Tag.

X: Guten Tag.

C: Wie ist es Ihnen in der letzten Woche ergangen?

X: Nun ja, mich hat das Gespräch sehr irritiert.

C: Es ist für Sie ungewohnt, so scheinbar planlos an Dinge heranzugehen.

X: Stimmt! Unser Denken in der Wirtschaft richtet sich eigentlich immer darauf, daß wir bestimmte Zahlen erreichen. Wie sich Menschen entwickeln können, beziehen wir meist auf die Erhöhung von Produktionszahlen.

C: Es wird vom menschlichen Potential geredet, doch setzt das auch Strukturen und Verhaltensweisen voraus, die am menschlichen Verhalten ansetzen.

X: Das stimmt natürlich. Aber es war nicht nur dieses scheinbar Planlose. Mir kam es auch so vor, daß Sie eigentlich gar nichts machen.

C: Ich provoziere Sie ein wenig.

X: Ja, nur muß ich mir meine Fragen selber beantworten.

C: Und ich helfe Ihnen dabei, die Fragen zu hinterfragen. Bei den Antworten kann ich Ihnen nicht helfen. Dafür sind Sie der Fachmann.

X: Was bedeutet das denn nun für das Problem Entlassungen?

C: Nun, Sie können sich überlegen, ob die Frage nach Entlassungen die richtige ist?

X: Sie meinen, die Mitarbeiter wären vielleicht ganz anders einsetzbar.

C: Jeder hat seine spezifischen Möglichkeiten.

X: Ich verstehe. Man könnte mit dem Problem Entlassung mal anders umgehen.

C: Dies wäre beispielsweise eine Aufgabe für eine lernende Organisation.

X: Aber das verlangt Kreativität, Selbstbeteiligung der Mitarbeiter, Zusammengehörigkeitsgefühl usw.

C: Und der Mitarbeiter hat eher die Chance sich mit all seinen Fähigkeiten, Interessen und Bedürfnissen einzubringen.

X: Auch wenn seine Ziele sich nicht ausschließlich auf das Unternehmen richten.

C: Genau, und ein Unternehmen ist aufgefordert, auch diese zu integrieren. Denn Arbeit definieren wir immer noch zu sehr als Erwerbsarbeit und nicht als Tätigkeit.

X: Und damit bringt sich der Mitarbeiter nicht voll ein.

C: Wie findet diese Vorstellung ihren Ausdruck in Ihrem Betrieb?

X: Ein schwieriges Thema.

C: Was wir jetzt machen, ist eine Form des Ausweichens. Wir haben in den letzten Sitzungen wichtige Dinge besprochen und jetzt reden wir über theoretische Angelegenheiten.

X: Ja, diese Entwicklungen beeinflussen uns doch maßgeblich.

Veränderung   C: Das schon, nur wir sind jetzt in diesem Unternehmen. Sie wollen hier etwas verändern und suchen nach Möglichkeiten.

X: Wenn ich etwas verändern will, kann ich das doch nur mit Rücksicht auf gesellschaftliche Entwicklungen tun. Das sind komplexe Zusammenhänge.

C: Und wie komplex die sind. Doch wir wollen konkret Ihr Unternehmen angehen. Was können Sie für Veränderungsschritte einleiten?

Kreativität   X: Zunächst einmal brauche ich kreative Mitarbeiter, damit wir innovativ und damit konkurrenzfähig sind.

C: Was können Sie tun, damit Ihre Mitarbeiter kreativ sein können?

X: Ja, was kann ich tun?

C: Was brauchen Ihre Mitarbeiter, damit sie Ideen und zunächst vielleicht abwegig erscheinende Vorstellungen entwickeln können?

X: Sie brauchen einen gewissen Freiraum. Nur wie?

C: Genau, wo können Sie Ihren Mitarbeitern Freiräume einbauen?

X: Das erste, was mir einfällt sind die Arbeitszeiten.

C: Was können Sie da tun?

X: Ich könnte Vereinbarungen treffen über eine gleitende und flexible Arbeitszeit. Wenn ich so an mich denke, dann habe ich meine kreativsten Phasen meist, wenn hier im Unternehmen niemand mehr ist.

C: Können Sie das für Ihre Mitarbeiter genauso gestalten.

X: Das setzt natürlich voraus, daß ich mich darauf verlassen kann. Ich muß hinnehmen können, daß sich meine Mitarbeiter Freiräume nehmen, von denen ich nicht weiß, ob sie mißbraucht werden.

C: Das hängt auch von Ihrem Menschenbild ab. Wenn Sie von der schlechten Seite im Menschen ausgehen, dann müssen Sie sich in acht nehmen. Sie können Kreativität nicht einfordern, denn Kreativität ist ein Ergebnis.

X: Ich werde jetzt selbst kreativ. Manchmal laufe ich im Büro herum und weiß nicht, was ich gerade tue, aber dann habe ich eine gute Idee.

C: Das heißt, Ihre Mitarbeiter können das Gefühl entwickeln, einfach mal nur so herumlaufen und Kaffee trinken zu können, ohne befürchten zu müssen, daß der Chef sie anmahnt.

X: Das hört sich ja anarchistisch an, dann macht ja jeder, was er will.

C: Genau, was ist daran schlimm?

X: Wie, das geht doch nicht.

C: Sie ändern dabei Ihren Blickwinkel, sie betrachten das Kaffee trinken Ihrer Mitarbeiter nicht als Faulenzen, sondern als kreative Pause.

X: Die werden sich freuen! Das paßt mir nicht.

C: Sie haben vorhin beschrieben, um kreativ werden zu können, braucht ein Mensch einen Freiraum, jetzt wollen Sie diesen Freiraum wieder einschränken, weil Sie glauben, daß dieser Freiraum ausgenutzt wird.

X: Stimmt. Wie kann ich das Ihrer Meinung nach verhindern?

C: Ich versuche das Ganze mal auf unsere Situation anzuwenden. Nach üblichen Gesichtspunkten vertun wir doch hier unsere Zeit. Sie erzählen etwas, ich kommentiere das, und produktiv sind wir nicht.

X: Sie haben irgendwie recht. Sie hören mir zu, und ich entwickle etwas. Das ist es wahrscheinlich. Die Gefahr des Mißbrauchs von Freiheit entsteht eigentlich nur dort, wo ich mich nicht ernst genommen fühle, denn dann suche ich mir Freiräume.

C: Ja, und die suchen wir alle, ob erlaubt oder nicht erlaubt. Irgendwo findet jeder seinen Freiraum und nutzt diesen aus. Einige machen das so geschickt, daß ihre Nervosität wie Geschäftigkeit aussieht.

X: Stimmt, das heißt, ich nehme einfach an, daß jeder egoistisch seine Möglichkeiten sucht und nutzt.

C: Genau wie Sie von unseren Gesprächen nur profitieren können, wenn Sie egoistisch vorgehen, d. h. wenn Sie sich überlegen, was Sie von den Gesprächen haben.

X: Und meine Mitarbeiter machen das natürlich genauso.

C: Und Veränderung, ich sage lieber Entwicklung, ist dort möglich, wo der einzelne seinen egoistischen Zielen nachgehen kann, seine Träume verwirklichen kann.

X: Wahrscheinlich spielen deshalb so viele Leute Lotto. Das, was sie in ihrer Arbeit nicht finden, versuchen sie so zu realisieren.

Träume

C: Ich bin davon überzeugt, daß die Träume von einer Weltreise, einem Eigenheim und der Möglichkeit, nicht mehr arbeiten zu müssen, sehr wichtige Triebfedern sind...

X: ... die ich ausnutzen könnte. Wenn Mitarbeiter im Unternehmen solche Träume verwirklichen können, haben sie einen Nutzen für das Unternehmen.

C: So können Sie sich auch fragen, welche Träume Sie haben und wie Sie diese Träume in Ihrem Unternehmen verwirklichen können.

X: Das ist eine gute Idee. Wenn ich das für mich geklärt habe, verstehe ich eher, wie ich mit meinen Mitarbeitern umgehen kann.

C: Die Zeit ist vorbei, das nächste Mal können wir an dem Punkt weitermachen, wie Sie sich Träume für das Unternehmen zunutze machen können.

Theorie

Der siebte Schritt ist das Ergebnis der Geduld im bisherigen Coaching-Verlauf, aber immer noch mit Einschränkungen. Der Coach wird nun aktiver und konfrontiert den Coachee mit seinen Wünschen nach Veränderung, mit dem Ziel, das kreative Potential zu wecken. Träume sollen zu den wichtigen Zielen des Lebens führen. Dem liegt die Überzeugung zugrunde, daß ein Manager, der seine Lebensziele verwirklicht, auch mehr Kraft hat, beruflich sein Bestes zu geben.

Für den Coachee wird dabei verständlich, daß er zunächst sich und seinen geheimsten und tiefsten Wünschen zuhören muß um sich wohl zu fühlen. Und ebenso wie er für sich aufmerksam ist und seine Möglichkeiten durchs Zuhören entdeckt, wird er dies dann auch gegenüber seinen Mitarbeitern praktizieren.

Damit dies erreicht wird, gibt es bestimmte Regeln für ein Coaching-Gespräch:

1. Die Gesprächsteilnehmer sind pünktlich. Damit erweist sich die gegenseitige Achtung.

2. Die Regelmäßigkeit der Gespräche ist gesichert. So wird die Wichtigkeit der Auseinandersetzung hervorgehoben.

3. Coach und Coachee sprechen klar und fassen sich möglichst kurz. Darin spiegelt sich das Interesse der beiden an der Sache, die Lust der Selbstdarstellung wird geschmälert.

4. Coach und Coachee drücken sich verständlich aus, um ihr Bemühen zu zeigen, sich entgegenzukommen.

5. Das Gespräch ist von Offenheit geprägt, Unklarheiten werden nachgefragt. Damit erweist sich das gegenseitige Vertrauen.

6. Coach und Coachee berufen sich nicht auf Autoritäten. Hierbei zeigt sich die Bemühung um ein eigenständiges Reflektieren und die Gleichwertigkeit der Gesprächspartner.

7. Der Coach bestimmt nicht den Inhalt der Gespräche. Damit erweist sich die klare Rollenverteilung. Der Coach achtet auf den roten Faden und zeigt sich auf diese Weise als ordnende Instanz.

8. Der Coach strebt ein Ergebnis an. Dadurch wird die Zweckhaftigkeit des Gesprächs deutlich.

9. Der Coach benennt die Abstraktionsschritte. Abgeklärte Begriffe werden in Zusammenhänge rücktransformiert.

10. Der Coach zentriert sich auf den Coachee und seine Ziele. Hier erweist sich die Professionalität des Coachs.

11. Der Coach spricht Gefühle an und verdeutlicht dadurch, daß er Widerstand und Unmut des Coachees nicht scheut.

12. Der Coach beachtet die kommunikative Intention des Coachees. Damit erweist der Coach seine Fähigkeit, zwischen Small-talk und ernsthafter Auseinandersetzung zu differenzieren.

13. Der Coach personalisiert Probleme nicht. Er besitzt die Fähigkeit zum komplexen Denken, der Coachee wird dadurch entlastet.

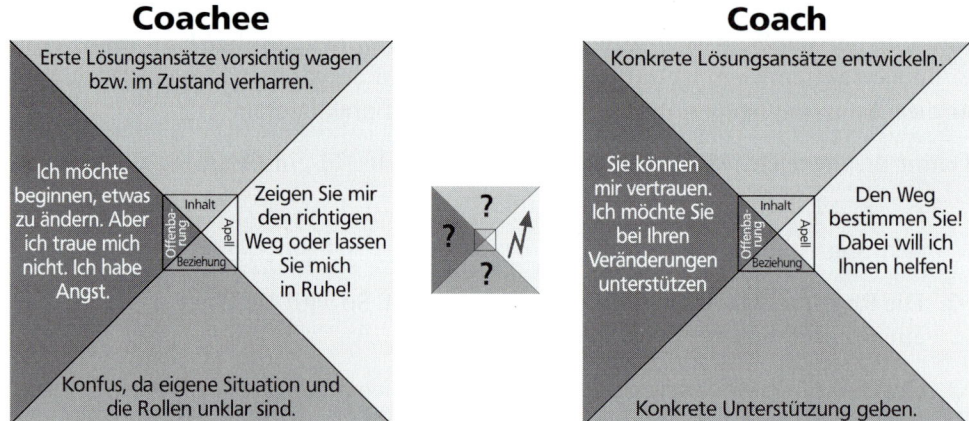

Nach dem großen Realitätsschock der letzten Phase keimt langsam und vorsichtig konstruktive Aufbaustimmung. Und häufig ist auch diese Phase wieder geprägt durch eine Erwartungshaltung an den Coach: Bitte zeigen Sie mir den richtigen Weg. Dem kann der Coach nach wie vor nicht entsprechen. Mögliche Lösungen muß noch immer der Coachee bestimmen. Dies fällt insbesondere in dieser Phase schwer, da sie durch Unklarheiten und Ungewißheiten geprägt ist. Genau das ist auch die Ausgangssituation für die Kommunikation. Die konfuse Wahrnehmung der eigenen Rolle und die Unsicherheiten im weiteren Vorgehen bergen mögliche Probleme bei der Kommunikation zwischen Coach und Coachee.

Changemanagement

Changemanagement bezeichnet die Notwendigkeit heutiger Unternehmen, einen ständigen Wandel, ständige Umstrukturierungen vorzunehmen. Für solche Vorstellungen fehlt in vielen Betrieben jedoch die Einstellung. Die Menschen müssen erst lernen, daß einmal vorhandene Strukturen nicht auf ewig bestehen bleiben, sondern einem stetigen Wandel unterworfen sind. Eine menschliche Eigenschaft ist es aber, aus Angst vor Innovationen an Bewährtem festzuhalten. Ein Unternehmen kann nur dann umstrukturiert werden, wenn der „Faktor" Mensch mitberücksichtigt wird. Coaching soll dieses Lernen unterstützen.

Die Voraussetzung dafür, daß Veränderungen als positiv angesehen werden, ist, daß die Mitarbeiter sich im Berufsleben wohlfühlen. Sie müssen davon überzeugt sein, daß sie gebraucht werden und am Erfolg des Unternehmens beteiligt sind. Diese positive Haltung geben die Mitarbeiter dann auch an die Kunden oder Geschäftspartner weiter. Auf diese Weise entsteht dann ein bestimmtes Image des Unternehmens und eine Unternehmenskultur.

Ein ganz wesentlicher Aspekt sind die hartnäckigen Vorstellungen einiger Mitarbeiter. Viele Verhandlungen sind vom Gedanken geleitet, das Bestmögliche für sich zu erzielen. Die Menschen sind es gewohnt, in Interessensgegensätzen zu denken. Dieses Denken scheint so tief verwurzelt zu sein, daß die Vorstellung, beide Parteien könnten Vorteile von einer Lösung haben, völlig abwegig ist.

Ein Lösungsweg besteht darin, die Interessen offenzulegen und dann nach einem Weg zu suchen. Erzählt der Coachee von Konfliktgesprächen, kann die Frage „Und wer hat gewonnen?" oft diese Verhaltensmuster deutlich machen.

Coaching befähigt zum ständigen Wandel, indem die Persönlichkeit des Coachees gestärkt wird. Die eigene Erfahrung im Coaching-Prozeß vermittelt dem Coachee die Fähigkeit, diese Erfahrung auf seine Mitarbeiter zu übertragen.

Veränderung

Viele Begriffe wie Reengineering oder lernende Organisation mögen suggerieren, daß es unentwegt Veränderungen geben müsse. Doch es gibt auch ein Übermaß an Veränderung. Veränderungen müssen die Identität des einzelnen sichern. Veränderung um der Veränderung willen oder Corporate Identity als Nivellierung der Interessen einzelner kann nur dazu führen, daß die Dynamik eines Unternehmens nicht mehr steuerbar ist, da die Subjekte sich nicht als Subjekte erleben und damit weder Verantwortung übernehmen, noch in Kommunikation miteinander treten können.

Beim Coaching geht es darum, dem Coachee zunächst die Unterstützung zu geben, die er für die psychischen Begleitumstände bei Veränderungsprozessen benötigt. So kann z. B. eine Führungskraft, die gerade eine neue Aufgabe übernommen hat, nicht sofort Veränderungen angehen. Zunächst braucht diese Führungskraft die Sicherheit, daß sie in ihren Aktionen unterstützt wird. Dabei ist sekundär, wer konkret die Unterstützung bietende Person ist. Es kann der nächst höhere Vorgesetzte sein, es können die Mitarbeiter sein, ein guter Freund oder eben auch der Coach.

Erst wenn diese Unterstützung gewährleistet ist, kann die Führungskraft sicher sein, daß sie selbst Schwierigkeiten nicht auf eine Art und Weise löst, die eher von psychischen Blockaden bedingt ist. So kann es sein, daß Veränderungen „betriebsbedingte Kündigungen" zur Folge haben. Ist eine Führungskraft hier von Schuldgefühlen geleitet, wird das Ergebnis für das Unternehmen nicht förderlich sein. Konstruktive Lösungen werden in solchen Fällen nicht gesucht. Vielmehr wird ein Weg gesucht, der es der Führungskraft ermöglicht, ihre eigenen Gefühle zu umgehen. Ein Coach muß solche Gefühle aufspüren und mit dem Coachee zu einer Lösung kommen, die Gefühle berücksichtigt und die der Coachee mit ganzem Herzen vertreten kann. Nur so wird die Führungskraft auch als glaubwürdige Person wahrgenommen.

Der zweite Aspekt ist, daß die Begrenzungen für Veränderungen gesehen und akzeptiert werden müssen, d. h., daß für das eigene Handeln Verantwortung übernommen werden muß. Coaching setzt diesen Aspekt vor die Diskussion über Umsetzungen oder Lösungen.

Gerade diese Vorarbeit ist oft schwer zu begründen, weil scheinbar nichts passiert. Menschen, die gefordert sind, im Unternehmensalltag schnell zu reagieren und zu entscheiden, empfinden eine langatmige Grundsatzdiskussion als überflüssig. Coaching ist jedoch eine grundsätzliche Arbeit. Wer einmal einen solchen Coaching-Prozeß erlebt hat, wird wissen, daß über die Hälfte des Weges mühsam, scheinbar sinnlos, praxisfern, abgehoben und philosophisch ist. Der Rest des Weges ist dann immer noch unpraktisch, doch läuft alles darauf hinaus, schnell und überzeugt die Veränderungen anzugehen. Der Coachee ist sicher und kann glaubwürdig seine Aufgaben angehen. Dies erspart ihm bei der Umsetzung Umwege, Zweifel, Rückschläge und Zaudern. Arnold Beisser hat den Begriff der paradoxen Theorie der Veränderung geprägt: „Veränderung ergibt sich nicht aus dem Versuch des Individuums oder anderer Personen, seine Veränderung zu erzwingen, aber sie findet statt, wenn man sich die Zeit nimmt und die Mühe macht, zu sein, was man ist; und das heißt, sich voll und ganz auf sein gegenwärtiges Sein einzulassen." (Beisser S. 144)

Veränderung bedeutet also die Entfaltung der Persönlichkeit. Ein mittelständischer Unternehmer kann seine Marktposition nicht dadurch verbessern, von außen Leitbilder, Strategien oder Konzepte einzukaufen. Er muß sich auf das konzentrieren, was vorhanden ist. Erst dadurch kann die schöpferische Kraft des Unternehmens erkannt und nutzbar gemacht werden. Der Coachee erlernt an sich selbst, daß der Coach Veränderung nicht herstellt. Ebenso wird der Coachee Veränderung in seinem Unternehmen nicht herstellen können. Er ist in der Lage, die Voraussetzungen für eine sinnvolle und geordnete Veränderung zu organisieren.

Ein ganz besonderes Problem der Veränderung ist der Widerstand gegen Veränderungen, der auf Mythenbildung beruht. In der Literatur wird in diesem Zusammenhang oft das QWERTZ-Phänomen beschrieben. Die Tastatur der Schreibmaschine wurde anfangs so konstruiert, daß die Schreiber nur langsam tippen konnten, da die Mechanik nur bis zu einer gewissen Geschwindigkeit reibungslos funktionierte, ansonsten verklemmten sich die Tasten. Die fortschreitende Technik machte nach einigen Jahren diese Geschwindigkeitsverzögerung überflüssig. Die Anordnung der Tastatur aber wurde beibehalten. Eine rationale Begründung für die Aufrechterhaltung der Tastaturanordnung gibt es nicht. Wie aber könnte ein Manager Veränderungen durchführen, die ähnlich wie das QWERTZ-Phänomen beschaffen sind? Es wird hier deutlich, daß der Wunsch nach Veränderung und eine gute Planung nicht ausreichen. Die Veränderung muß die Mythenbildung miteinbeziehen und die scheinbare Aussichtslosigkeit überwinden.

Coaching beschäftigt sich mit Veränderung. Dabei wird davon ausgegangen, daß es sowohl ein Übermaß an Veränderung gibt, das zur Auflösung von Strukturen führt. Andererseits gibt es Einstellungen und Haltungen, die Veränderungen verhindern, wie das QWERTZ-Phänomen. Coaching versteht Veränderung als eine Weiterentwicklung.

Kreativität

Der Begriff ist nicht eindeutig festgelegt. Es gibt eine Vielzahl an Definitionen. Man ist sich einig, daß jeder Mensch über Kreativität verfügt, und es gibt Bedingungen und Einstellungen, die Kreativität fördern, wie z. B. Neugier, Fragen stellen, sich mit Kunst und Musik beschäftigen, viel lesen, bewußt fernsehen, sich mit anderen beschäftigen, eine farbenfrohe Umgebung, aber auch Gefühle wie Freud und Leid.

Faktoren die Kreativität verhindern sind: die Angst, Fehler zu machen, zu schnelle Lösungen, auf ein Ergebnis fixiert zu sein, eine Konsumhaltung, nichts zu hinterfragen oder Einstellungen wie „Das haben wir schon immer so gemacht, das kostet zuviel, das brauchen die Kunden nicht".

Coaching ist kein Kreativitätstraining. Allerdings werden Eigenschaften wie Neugier, Offenheit, Angstfreiheit u. ä. vom Coaching thematisiert.

Innovation

Die Innovationsfähigkeit von Organisationen hängt im wesentlichen davon ab, wie Corporate Identity nach außen repräsentiert wird, und vor allem, wie nach innen eine Kultur entwickelt wird, die sich mit unbewußten Konflikten, informellen Strukturen, Kreativität und Freiheit für den einzelnen beschäftigt.

Organisationen sind lebendige Subsysteme, die untereinander in Beziehung stehen, die aber auch zu Systemen außerhalb der Organisation Verbindung haben. Wo klare Abgrenzungen bestehen, eine ethische Identität möglich ist, können die Subsysteme genügend Sicherheit entwickeln, um mit Veränderungen und Innovationen verbundene Ängste aushalten zu können. Wenn die Gefahr besteht, daß durch Innovationen Arbeitsplätze gefährdet sind, wird jede Tendenz einer Veränderung verhindert und möglicherweise gerade erst dadurch der Arbeitsplatz aufs Spiel gesetzt, weil das Unternehmen nicht mehr konkurrenzfähig ist.

Wie bereits beschrieben, ist die Glaubwürdigkeit das tragende Element. Der Mitarbeiter, der seinen momentanen Arbeitsplatz nicht nur als gesichert weiß, sondern der auch davon ausgehen kann, daß das Unternehmen sich verpflichtet fühlt, mit ihm nach Lösungen zu suchen, der ist auch bereit, an Innovationen mitzuarbeiten, die seinen Arbeitsplatz verändern könnten.

Unklarheiten bezüglich der Identität und Philosophie führen zu Energieverlusten bei der Orientierung und damit zu Schwierigkeiten, klare und eindeutige Ziele und Aufgaben zu definieren. Veränderung steht dann im Ungewissen. Die Kraft, über Gewohntes hinauszugehen, wird für die Suche nach Sicherheit verbraucht.

Das Selbstverständnis des einzelnen Mitarbeiters ist geschwächt, und damit fehlt ihm der Mut, quer zu denken, Phantasie zu entwickeln usw.

Im Coaching-Prozeß geht es um die Frage, wie Innovation möglich gemacht werden kann und welche Voraussetzungen gegeben sein müssen.

Interessen

Die Lösung vieler Probleme liegt nicht in theoretischen Analysen, sondern im Aufdecken der Interessen, die Konfliktpartner haben. Über die Interessen zu reden, bedeutet jedoch immer, sich in seinen tiefsten Interessen zu offenbaren, seine Schwächen, Fehler und Gefühle einzugestehen.

Zwischen Coach und Coachee wird deutlich, daß das Offenlegen von Interessen die Zusammenarbeit fördert. Mit dieser Erfahrung kann der Coachee Konflikte im Unternehmen möglicherweise konstruktiver angehen.

Träume

Es mag zunächst seltsam erscheinen, wenn den Träumen ein eigener Theorieteil gewidmet wird. Doch Träume und Coaching ähneln sich darin, daß man sich auf beide einlassen muß, ohne daß deren Sinn sofort erkennbar wird. Beide möchte man konkretisieren, doch sie entziehen sich immer wieder.

Mit Traum bezeichnet man im allgemeinen ein Erlebnis im Schlaf, das der Phantasiewelt zugeordnet wird. Bei Halluzinationen spielt die Person nur die Rolle des unbeteiligten Beobachters. Der Traum dagegen bezieht den Menschen ganz ein.

Träume werden von jeher als besondere Botschaft verstanden, die der Deutung bedürfen. Der erste „Coach" der Weltgeschichte begann seine Beratungen mit der Deutung von Träumen. In der Bibel wird die Geschichte von Joseph und seinen Brüdern (Gen 39–47) beschrieben. Joseph gelangt an den Hof des Pharaos. Es spricht sich herum, daß er Träume deuten kann. Die richtige Deutung und damit das konsequente Handeln nach den Voraussagen machen ihn zum Berater am Hof. Joseph deutet die sieben fetten und die sieben mageren Kühe im Traum des Pharaos als sieben gute und sieben schlechte Jahre. Aus heutiger Sicht und bezogen auf Coaching bedeutet dies, daß Joseph auf das hört, was der Pharao wohl weiß, aber nicht in Worte fassen kann. Joseph leistet damit keine „Beratung" in dem Sinne, daß er gute Konzepte liefert. Vielmehr nimmt er das auf, was der Pharao ihm vorgibt und reflektiert es zurück. Die Weisheit dieser biblischen Geschichte liegt darin, daß bei der Suche nach dem richtigen Handeln Wege eingeschlagen werden müssen, die den gewohnten Rahmen der Planungen und Alltagsrealität verlassen. Dabei hilft die Annahme des Traums, diesen Rahmen des Normalen und Gewohnten zu sprengen.

Auch die Psychoanalyse konzentrierte sich mit S. Freud darauf, in den Träumen die unbewußten Motive des Individuums zu erkennen. Im Gegensatz zur landläufigen Meinung glaubte Freud aber nicht, daß Träume vom Psychoanalytiker gedeutet werden könnten. Vielmehr kann nur der Träumer selbst durch „freie Assoziationen" seinen Traum deuten.

Der Analytiker ist demnach lediglich ein Begleiter bei der Aufdeckung unbewußter Impulse. Genauso kann der Coach mit dem Coachee arbeiten, die Träume bieten Möglichkeiten in verschlüsselter Form an. Die Gefahr bei allen Methoden und Theorien besteht darin, daß sie gut und angemessen sein können, aber doch nicht der Person entsprechen. Wenn ein Coachee sich mit seinen Träumen vertraut macht, dann entspricht es auch den unbewußten Anteilen seiner Person, und er kann mit ganzer Kraft ein Projekt vorantreiben.

Beim Coaching können Träume ein wichtiges Hilfsmittel sein. Daß ein Coachee seine nächtlichen Träume erzählt, mag allerdings eher selten vorkommen. Wahrscheinlicher ist, daß ein Coachee über seine Lebensträume spricht. Diese kann der Coach aufnehmen und an ihnen überprüfen, wie sehr das Lebenskonzept mit dem Handeln übereinstimmt. Der Coach sollte sich immer bewußt machen, daß die Deutung eines Traums immer durch den Träumer vorgenommen wird.

Der Coach nimmt die Arbeit mit Träumen in sein Repertoire auf. In den meisten Fällen wird er sich nicht mit den nächtlichen Träumen beschäftigen, sondern mit den Lebensträumen. Das Anliegen ist es dabei, die alltäglichen Handlungen an den Lebensträumen zu überprüfen. Die Arbeit mit Träumen ist darüber hinaus eine gute Schulung im Umgang mit Symbolen. Eine erhöhte Sensibilität für Symbole, Träume und Mythen führt zu einem besseren Verständnis unbewußter Mechanismen beim einzelnen wie auch in der Gruppe.

Lernen

Der Coach begleitet den Coachee bei seinen Lernerfahrungen. Coaching meint dabei individuelles Lernen, und nicht die Aneignung von Wissen. Vielmehr ist eine umfassendere Form des Lernens, gemeint, die nicht auf ein eingeschränktes Fachgebiet bezogen ist und die persönliche und soziale Kompetenzen mit einschließt. Die folgenden acht Punkte sind grundlegende Elemente des Lernprozesses, der durch das Coaching initiiert wird:

1. Lernen ist abhängig von den Arbeitsbedingungen. Allzu einfache, geistig wenig Handlungsspielraum gewährende Arbeitsplätze führen zu einer Verminderung der intellektuellen Flexibilität.

2. Lernen umfaßt eine Wechselwirkung von Persönlichkeitseigenschaften und Lehrmethode. Nicht jeder erreicht mit derselben Lehrmethode das gleiche Ziel.

3. Neben den Persönlichkeitseigenschaften bedingt die individuelle Lerngeschichte den Lernaufwand und den Erfolg.

4. Bei aller Veränderung und bei jedem Lernerfolg scheint es so zu sein, daß die Rangplätze unter den Personen gleich bleiben.

5. Coaching setzt bei den Bedingungen an und erweitert durch Einsicht, Analyse, Verständnis und Handlungskompetenz die Spielräume. Coaching versteht sich als geistig anregende und anspruchsvolle Tätigkeit, um die intellektuelle Flexibilität zu steigern.

6. Coaching sieht den einzelnen in seiner Individualität und entwickelt von dort aus Lernziele und -methoden. Rezepte, Techniken usw. werden jeweils neu auf die Person abgestimmt.

7. Coaching ist mit einer Anamnese verbunden, die sich auf die Erfahrungen mit Lernen und Veränderungen bezieht.

8. Coaching sieht zunächst den einzelnen in seiner erreichten Position, fördert ihn dort und richtet das Augenmerk nicht einseitig auf die Karrierelaufbahn, sondern betrachtet ihn in einer Gruppe, so daß Karriere auch ein Vorankommen der Gesamtgruppe bedeutet.

Coaching ist eine individuelle Form des Lernens. Dabei werden die Bedingungen der Situation, der Persönlichkeit und die Lernerfahrungen sowie der Einfluß von Emotionen berücksichtigt. Jeder kann nur dort lernen, wo er ohne Angst seiner Neugier folgen kann.

Transferproblem

Der Coach trifft mit seinen vor allem humanwissenschaftlichen Konzeptionen auf eine technologieorientierte Verwerterwelt. Dabei muß es zu Verkürzungen, Mißverständnissen und Schwierigkeiten kommen.

Weiterhin besteht ein Problem darin, daß die Konzepte zur Organisationsentwicklung im allgemeinen davon ausgehen, daß Humanität, Technologie, Wertezuwachs und Organisation miteinander zu verbinden wären. Dabei betonen bisherige Konzepte meist nur die Notwendigkeit, geben jedoch kein überzeugendes Konzept an. Der Coach steht ebenso wie ein Organisationsentwickler vor einem zweifachen Problem. Erstens muß er seine Vorgehensweise und seine Sprache auf einem technologieorientierten Hintergrund verständlich machen und Verkürzungen ganz bewußt einbauen. Auch muß er wissen, daß er auf seiner Ebene nur schwer verstanden werden kann, da der Coachee in anderen Handlungs- und Begründungszwängen lebt. Zweitens werden die weichen Faktoren heute in den Unternehmen nicht mehr zurückgewiesen. Die Begrifflichkeiten und Zusammenhänge sind allerdings in eine praktikable Handhabung transformiert. Der Coach muß seine Vokabeln aus dieser Transformation zurückübersetzen, damit er nicht dem Irrtum unterliegt, der Gebrauch und das Reden über Lernende Organisation und andere Begriffe entspräche seinem Verständnis. Vielleicht läßt sich dieses Übersetzungsproblem am ehesten folgendermaßen charakterisieren: Der Coachee bewertet die Angebote aus der Beraterbranche nach ihrer Praktikabilität und Durchführbarkeit, während der Coach eher dazu neigt, seine Arbeit als ein Bekenntnis zu definieren.

Hieraus müssen sich Transferprobleme ergeben, die aber eher darin begründet liegen, daß Bewertung und Bekenntnis nicht auseinandergehalten werden. In einer Welt, in der es richtige und falsche Vorgehensweisen gibt, werden Deutungen nötig, die immer auch eine Aussage über ein bestimmtes Menschen- und Weltbild enthalten. Versteht man die Welt jedoch als ein Konglomerat von Bekenntniswelten, so geht es darum, Annäherungen zu gestalten. Ein gemeinsames Verständnis wird dann als Gefühl oder Bild spürbar. Zwei Menschen, die sich gemeinsam einen Sonnenuntergang anschauen und vor Rührung in den Arm nehmen, sind der Erkenntnis näher als zwei Wissenschaftler, die sich möglichst objektiv einer Sache annähern. Beide Menschen belassen sich während des Sonnenuntergangs in ihren Deutungen oder Bekenntnissen, haben sich durch ein Drittes jedoch soweit genähert, daß sie glauben, eine gemeinsame Deutung zu haben. Fällt das gemeinsame Äußere weg, ist die Sonne untergegangen, dann kann die Nähe nur noch in der Erinnerung wiederbelebt werden. Damit ist das Transferproblem ein Problem der abstrakten Sprache.

All dies ist abhängig von Gefühlen. Und dies ist in unserer Gesellschaft stark mit dem negativen Image der Subjektivität verbunden. Das Transferproblem ist damit eigentlich die Schwierigkeit, von der einen in die andere Sprache zu übersetzen. Dies ist die Aufgabe des Coachs. Er muß mit der Unübersetzbarkeit umgehen können. Von daher muß er seine Rolle auch so definieren, daß er nicht als ein besserer Manager oder beratender Kollege mißverstanden wird. In diesem Fall müßte er ständig sagen, was er meint. Seine Aufgabe ist es jedoch, sein ganz spezielles Fachwissen darzustellen und die Möglichkeiten der Verwertung dieses Wissens zu definieren.

Eines der größten Probleme im Coaching ist das Transferproblem. Psychologische, philosophische, pädagogische und soziologische Erkenntnisse werden in den ökonomischen Bereich übertragen. Dabei gibt es einen Informationsverlust. Der Coach weiß um die Unterscheidung von Bewertung und Bekenntnis. Manager bewerten die Aussagen des Coachs im Hinblick auf ihre Verwertbarkeit. Im Gegensatz dazu versteht der Coach sein Handeln als ein Bekenntnis. Er überwindet das Verständnisproblem durch die Eindeutigkeit seiner Rolle und durch seine Professionalität. Der Coach ist kein besserer Manager, sondern ein Begleiter des Managers. Er ist bemüht, den Manager zu verstehen. Gelingt ihm dies, löst sich das Transferproblem auf.

Fazit

1. Eine Hauptaufgabe des Coachings liegt darin, die Freiräume des Coachees zu entdecken.

2. In gewisser Weise ist Coaching anarchistisch, weil es von der Möglichkeit ausgeht, daß in einem herrschaftsfreien Raum jeder seine Macht gewinnbringend ausüben kann.

3. In herrschaftsfreien Situationen ist der Entfaltung von Kreativität die beste Chance gegeben. Daher übt der Coach auch keine Manipulationen aus oder gibt sich als derjenige aus, der eigentlich weiß, wie es geht.

4. Die Lebensträume des Coachees werden in die Gespräche mit einbezogen, um deutlich zu machen, daß der Mensch dann am meisten Kreativität und Potentiale entwickeln kann, wenn er einen Sinn in seinen Handlungen sehen kann.

5. Der Coach entwickelt oder befördert nur das, was der Coachee vorgibt.

6. Der Coach unterstützt den Coachee und verlangt Verbindlichkeit, weil die Individualität des Coachees gefördert werden soll.

7. Der Coach weiß um die Schwierigkeit des Transfers seines theoretischen Hintergrunds. Er ist sich bewußt, daß dieser Konflikt nie ganz zu lösen ist.

Literaturhinweise

Abe, Kobo (1990), Die Frau in den Dünen,
Frankfurt am Main, Eichborn.
Dieser Roman erscheint zunächst völlig absurd. Wer sich jedoch auf diese Phantasien einläßt, der erfährt eine hervorragende Einführung in das Thema Freiheit und Grenzen.

Beisser, Arnold R. (1997), Wozu brauche ich Flügel. Ein Gestalttherapeut betrachtet sein Leben als Gelähmter,
Wuppertal, Peter Hammer.
Arnold Beisser beschreibt autobiographisch, wie er mit seiner Kinderlähmung umgegangen ist. Erfreulich an diesem Buch ist, daß keine Lösung angeboten wird. Beisser versteht den Umgang mit seiner Krankheit als paradox, d. h. es gibt keine einfachen Umdeutungen durch ein positives Denken.

Perls, Frederick S. (1979), Gestalttherapie in Aktion,
3. Aufl.,Stuttgart, Klett-Cotta.
Fritz Perls ist der Begründer der Gestalttherapie.

Perls, Lore (1997), Der Weg der Gestalttherapie: Lore Perls im Gespräch mit Daniel Rosenblatt, Wuppertal, Peter Hammer.
In den Gesprächen mit Daniel Rosenblatt macht Lore Perls deutlich, wie sich ein Mensch entwickeln kann.

Weyh, Helmut u. Krause, Patrick (1991), Kreativität. Ein Spielbuch für Manager,
2. Aufl., Düsseldorf Wien New York, Econ.
Ein amüsantes Buch über Kreativität.

8. Sitzung: Überprüfung der Veränderung

Dialog zwischen Coach C und Coachee X

X: Guten Tag.

C: Guten Tag.

X: Das muß ich Ihnen direkt erzählen. Wir haben uns das letzte Mal ja über den notwendigen Freiraum für Kreativität unterhalten. Und was soll ich sagen: Ich hab's einfach mal gewagt.

C: Und bei was sind Sie so mutig geworden?

X: Wir müssen in einem bestimmten Marktsegment ein neues Produkt definieren und entwickeln. Mit dieser Aufgabe habe ich ein kleines Team beauftragt, Ihnen aber wirklich viele Gestaltungsfreiheiten gelassen.

C: Also haben Sie doch etwas vorgegeben?

X: Leider habe ich Ihnen nur gesagt, daß wir dieses Produkt Mitte nächsten Jahres auf den Markt bringen müssen und wie teuer es maximal sein darf.

C: Warum leider?

X: Sie können sich gar nicht vorstellen, wie kreativ die Mitarbeiter geworden sind. Ich habe das Gefühl, daß sie selbst Schwierigkeiten haben, mit dieser Ideenmenge umzugehen. Außerdem habe ich die Befürchtung, daß sie sich auf etwas sehr Abenteuerliches einlassen könnten. Aber wie kriege ich sie dann wieder „in die Reihe"? | Motivation

C: Wie ist das denn bei uns beiden gewesen?

X: Wie meinen Sie das? Wir hatten doch gar nicht solche Vereinbarungen oder Vorgaben.

C: Eben. Und trotzdem sind wir „in der Reihe".

X: Stimmt. Und wir waren ja nicht immer der gleichen Meinung. Aber wie haben Sie das geschafft?

C: Durch Selbstverpflichtung, Werte, Verantwortung, Ethik, Moral, Entwicklung der Persönlichkeit, Stil, Zusammenhalt. | Ethik und Moral

X: Außerdem hat mich das mit den Träumen vom letzten Mal sehr beschäftigt. Daraufhin habe ich einfach mal den Mitarbeitern zugehört. Die Ideen, die wirklich gut und umsetzbar sind, kamen zumeist gar nicht aus konkreten Überlegungen, sondern vor allem, wenn sich die Mitarbeiter über ganz andere Dinge unterhalten haben.

C: Damit ist ein wesentlicher Aspekt der Coaching Arbeit bereits umgesetzt: Coaching hat das Grundsätzliche zur Perspektive. Das Interesse richtet sich nicht auf einzelne konkrete Aufgaben, sondern auf die Dynamik, wie konkrete Aufgaben angegangen bzw. umgesetzt und bewertet werden.

X: D.h. also auch, der Erfolg ist nicht am Konkreten meßbar, sondern am Modus.

C: Die Konsequenz ist, daß anders als beim Coaching im Sport nicht das mentale Training im Vordergrund steht, sondern die Grundorientierung, der Stil und das Werteverständnis.

X: Damit beginnt der Coachingprozeß bei der Biographie.

C: Konkret mit der Feststellung: Jetzt möchte ich Coaching. An diesem Punkt meiner Biographie steige ich in einen Prozeß ein, ich weiß gar nicht so recht, welche Gründe mich dazu geführt haben. Ich spüre, da treibt mich etwas zu jemandem, der zuhört und mir weiterhilft.

X: Es geht um Mut, um Tapferkeit. Man steht recht wehrlos da, zumal man nie weiß, worum es eigentlich geht. Es ist ja leichter, wenn alles klar geordnet ist. Und weil man es gerne so hätte, schafft man sich seine eigene Wirklichkeit und trifft damit genau am Ziel vorbei.

C: Der erste Punkt des Prozesses ist der Einstieg. Beim ersten Treffen versucht man noch nachvollziehbare Anlässe zu nennen.

X: Eigentlich haben wir erst in dieser Sitzung gemeinsam mit der Arbeit begonnen.

C: Das erste Treffen dient dem Herstellen von Vertrauen, dem Abtasten und natürlich den Absprachen über Zeit, Honorar und das weitere Procedere.

Beim zweiten Schritt wird je nach Bedarf und Anspruch eine Beschreibung, möglicherweise auch schon eine Analyse zur Biographie abgegeben. Dazu kann eine biographische Analyse mit einem Fragebogen gemacht werden.

Kommuni-
kationsstile

X: Das wäre mir nicht so lieb gewesen. Ich fand es ganz gut, daß ich erzählen konnte, was in meinem Werdegang wichtig war. Es war mir eine Hilfe, daß Sie dem, was ich erzählt habe, jeweils Überschriften gegeben haben, oder, wenn ich selber Überschriften vorgab, daß Sie den roten Faden hergestellt haben.

C: Woran haben Sie bemerkt, daß sich etwas ändert?

X: Ich weiß gar nicht, ob das, was sich jetzt entwickelt hat, das ist, was ich ursprünglich wollte.

C: In einem weiteren Gespräch haben wir dann die eher existentiellen Biographiedaten besprochen.

X: Mir war neu, welche Werte sich bei mir entwickelt haben, welches Welt- und Menschenbild meine Arbeit, die Kommunikation und Motivation prägt.

C: Hieraus wiederum ergibt sich die Analyse des Stils. Wie haben sich biographische Daten mit Wertvorstellungen verbunden? Wie handelt man im konkreten Alltag? Erst an dieser Stelle ist es möglich, zu konkreten Fragestellungen zu kommen, wobei Coaching allerdings auch hier keine Lösungen vorschlägt.

X: Wie gesagt, ich weiß gar nicht, ob das, was sich jetzt entwickelt hat, das ist, was ich ursprünglich wollte.

C: Coaching bleibt immer vage. Das muß für Praktiker unbefriedigend sein, es ist jedoch auch ein Schutz vor Ideologien.

X: Was meinen Sie?

C: Mit Ideologien läßt es sich „leichter" führen.

X: Eines habe ich bisher gelernt, daß meine Vorstellungen über Führung gehörig ins Wanken geraten sind. Die Ansicht, daß Menschen geführt werden wollen, ist, wenn man ehrlich ist, sehr häufig vertreten. Allerdings kann ein Mitarbeiter, wenn ich eine solche Meinung habe, auch nichts tun. Eine bestimmte Art von Führung erzeugt ja erst die angebliche Unmündigkeit.

Der Vorgesetzte als Förderer des Mitarbeiters

C: Ja, so sehe ich es auch.

X: Von solchen Ideologien gibt es sicherlich einige: Menschen wollen angeblich geführt werden. Wenn sie keine Chance haben und die Übernahme von Verantwortung nicht gefördert wird, ist das nicht verwunderlich. Ebenso existiert auch in vielen Köpfen die Vorstellung, daß eine Hierarchie angelegt ist. Das Einführen flacher Hierarchien kann mit einer solchen Ideologie natürlich nicht gelingen. In eine ähnliche Richtung geht das Elitedenken. Ich habe mich schon oft gefragt, warum ich Bewerber von sog. Eliteunis anstellen soll.

Was müssen das für Menschen sein, die von sich annehmen, daß sie zur Elite gehören?

C: Manager, die natürlich eine hohe Erwartungshaltung haben, die nicht unbedingt der Realität angepaßt ist.

X: Eine Ideologie fällt mir noch ein. Sie legen sich ja nie fest, lassen Coaching sehr offen. Das verhindert natürlich, daß Ihre Führung funktional wird. Wenn man Führung auf das Technische reduziert, scheinbar mit den sozialen Dingen nichts zu tun hat, ist das einfach unehrlich.

Aber sagen Sie doch mal, wieso brauchen wir diese Ideologien?

C: Ideologien vereinfachen die Realität.

X: Klar, ich muß mir nicht die Mühe machen, alle möglichen „Wenn und Aber" zu untersuchen.

C: Manchmal muß man das vielleicht. Problematisch wird es aber, wenn einige Richtigkeiten gar nicht mehr angerührt werden dürfen.

X: Naja, dann hat man aber etwas, woran alle glauben können. Religionskriege sind doch der beste Beleg dafür, daß solche Ideologien stark motivierend sind bzw. ungeheure Energien freisetzen und dem einzelnen einen Sinn geben. Da braucht sich niemand mit sich selbst auseinanderzusetzen.

C: Ideologien haben auch immer eine Verheißung von Unsterblichkeit. Die Unbegreiflichkeit des Todes wird so umgangen.

X: Hat man eine Ideologie, dann hat man immer eine Begründung, ohne weit ausholen zu müssen. Wissen Sie, wenn ich mir das jetzt alles vergegenwärtige: Was bleibt mir eigentlich noch? Ich stehe ziemlich dumm da. Ich kann nicht mehr selbstverständlich handeln.

C: Genau das ist mein Ziel: das selbstverständliche Handeln soll in Frage gestellt werden, weil es innovative Handlungen verhindern und Blockaden aufbauen kann.

X: Und gleichzeitig müssen Sie das Selbstbewußtsein aufbauen, um nicht zu entmutigen. Ich hätte an der Stelle fast abgebrochen.

C: Entweder an dieser Stelle oder auch schon früher wird das Coaching-Gespräch Sinn und Unsinn der Handlungsweisen zum Inhalt haben. Der Erfolg des Coachings entscheidet sich mit großer Wahrscheinlichkeit an dieser Stelle.

X: Ja.

C: Man fragte Molla: „Wie alt bist du?" „Vierzig Jahre", sagte er. Nach zehn Jahren wurde er wieder nach seinem Alter gefragt. „Vierzig Jahre bin ich alt", sagte er. „Du hast uns schon vor zehn Jahren gesagt, daß du vierzig Jahre alt bist, das ist unmöglich", sagten sie zu Molla. Da erwiderte Molla: „Ein Mann, ein Wort. In zwanzig Jahren werde ich auch vierzig sagen." (Molla S. 32)

X: Irgendwie ist mir jetzt klargeworden, was Sie in der letzten Stunde gemacht haben. Sie haben mich schimpfen lassen. Jetzt wird mir klar, daß damit unsere Polarität deutlich wurde. Wir sind nicht an derselben Position. Sie können meine Arbeit nicht übernehmen. Das kann ich von Ihnen auch gar nicht erwarten. Und Sie setzen sich auch als Person mir entgegen. Das ist schon ein wenig komisch. Vor allem, was mich wundert: Sie bleiben der Rolle des Hofnarren treu. Sie scheinen eine Menge aushalten zu können. Egal, wie man Sie sieht oder über Sie denkt, Sie machen weiter.

Wissen Sie, ich habe am Wochenende den ganzen Nachmittag Zeit für mich gehabt. Meine Frau und meine Kinder waren bei Freunden. Ich saß da und fing an zu träumen. Und wissen Sie, wovon ich geträumt habe?

C: Nein.

X: Ich habe mir vorgestellt, eine Kleinkunstbühne zu leiten, mit den Künstlern zu reden, bestimmte Stücke auszusuchen usw. Das hat mir richtig Spaß gemacht.

C: Schön.

X: Ja aber, was mache ich mit diesem Traum?

C: Wieso?

X: Ich könnte tatsächlich eine kleine Halle kaufen, ein Geschäftsfreund sprach neulich davon, daß er was verkaufen will. Und dann könnte ich meinen Mitarbeitern ermäßigte Eintrittskarten verkaufen, für besondere Leistungen auch Freikarten. Das ist gar keine schlechte Idee.

C: Warum nicht? Vielleicht gibt es noch mehr Möglichkeiten, Ihre Träume mit denen des Unternehmens zu verbinden.

X: Ich habe auch das mit den Geschichten jetzt mal ausprobiert, das kam gar nicht gut an.

C: Erzählen Sie doch mal, wie und wann und welche Geschichte Sie erzählt haben.

Authentizität
und Vorher-
sagbarkeit

X: In der Planungsgruppe für Reengineering-Projekte hatte ich mal wieder das Gefühl, daß man sich nicht mit den wirklich wichtigen Dingen beschäftigt und jeder irgendwelche Gründe findet, weshalb etwas nicht geht. Und da fiel mir die Geschichte von den Waldarbeitern ein, die gefragt werden, warum Sie nicht die Sägeblätter austauschen, und die antworten, daß Sie dafür keine Zeit haben.

C: Und wie ging es weiter?

X: Ich habe angefangen, und da war es auch schon vorbei. Sie haben nur das Wort Waldarbeiter gehört und schon hieß es: Kennen wir. Weiter.

C: Also, Sie haben die Geschichte nicht erzählt.

X: Das hat mich irritiert. Und ich habe mich ganz schön darüber geärgert.

C: Weil das, was Sie mit der Geschichte ausdrücken wollten, sich bestätigte.

X: Ja, ich habe nachher noch mit meinem Abteilungsleiter gesprochen, mit dem ich mich ganz gut verstehe. Er meinte, daß es immer so sei, wenn es um konkrete Veränderungen ginge, spätestens dann würde geblockt.

C: Noch einmal einen Schritt zurück, woher kannten denn die Mitarbeiter diese Geschichte?

X: Ja, da muß ich mal überlegen, Sie bringen mich da auf was. Wir haben eine Betriebszeitung und unter der Witzrubrik stand diese Geschichte vor einiger Zeit.

C: Sehen Sie, die Mitarbeiter kennen diese Geschichte aus einem ganz anderen Zusammenhang und müssen dies nun auf ihre schwierige Situation übertragen, d. h. einen Transfer leisten.

X: Sie meinen, die Ernsthaftigkeit des Witzes anzunehmen.

C: Ja, und zudem noch die Aussage der Geschichte auf ihre Situation zu übertragen.

X: Und sich dann auch noch mit den Konsequenzen zu beschäftigen, die man lieber verdrängen will.

C: Genau, Sie haben jetzt das formuliert, was als Wirkung einer solchen Geschichte auftritt, obwohl Ihre Intention eine andere war.

X: Was meinen Sie jetzt?

C: Die Hörer einer solchen Geschichte verstehen sehr wohl ihren Inhalt, aber je nachdem, in welchem Zusammenhang eine solche Geschichte erzählt wird, schreiben die Zuhörer ihr eine andere Funktion zu.

X: Welche Funktion haben die Mitarbeiter ihr denn zugeschrieben?

C: Erzählen Sie mal mehr über die Situation, in der Sie diese Geschichte erzählt haben.

X: Es war das erste Treffen dieser Planungsgruppe. Ich glaube, daß meine Anwesenheit beim ersten Treffen notwendig war, um die Wichtigkeit der anstehenden Entwicklungen zu unterstreichen.

C: Damit haben die Mitarbeiter verstanden, welchem Druck sie bei der Veränderung unterliegen. Ihre Anwesenheit hat dazu geführt, daß die Mitarbeiter glauben, sie sollen die Veränderung herbeiführen, die Sie erwarten und vorgeben.

X: Wieso kann ich nicht die Veränderung einfordern? Ich habe verstanden, welche Effekte meine Anwesenheit haben kann. Doch wie könnte ich sonst meiner Rolle als Führungskraft gerecht werden?

C: Sie haben Ihre Rolle als Führungskraft wahrgenommen, indem Sie sich das Projekt und den Ablauf überlegt haben. Aus der Sicht der Mitarbeiter gehören Sie nicht wirklich zur Planungsgruppe. Die Mitarbeiter verstehen die gewünschte Veränderung als eine Art Anordnung. Wie soll denn Ihrer Meinung nach Veränderung initiiert werden?

X: Sie meinen, ein Unternehmen würde dann am besten funktionieren, wenn alle Mitarbeiter über alles informiert wären?

C: Das ist sicherlich kaum möglich, doch jeder Mitarbeiter muß wissen, daß er und wie er an Informationen herankommen kann.

X: Ist das nicht zu gefährlich?

C: Wenn Informationen zurückgehalten werden, dann sollte der Mitarbeiter auch wissen warum. Denn alles andere erzeugt Mutmaßungen und Gerüchte. Die Mitarbeiter müssen zunächst einmal die Erfahrung machen, daß die Interessen gar nicht widersprüchlich sind.

X: Ich bin mir sicher, die Mitarbeiter wissen ganz genau, worum es geht. Die kennen die Probleme sicherlich besser als ich. Nur, wieso kommen wir nicht auf einen gemeinsamen Nenner?

C: Weil auf Ihre Person Projektionen gerichtet werden. Für den einen Mitarbeiter sind Sie das, was er selbst gerne wäre, für den anderen sind Sie derjenige, der erst einmal etwas verändern muß, für einen weiteren Mitarbeiter sind Sie der Richter, der über die Personalentwicklung entscheidet.

X: Ich verstehe, ich kann nicht zu den Mitarbeitern gehen, ohne zu wissen, was die Mitarbeiter über mich denken. Das ist aber absurd, ich kann doch nicht jedesmal von allen Mitarbeitern wissen, was Sie über mich denken. Also, das kann es nicht sein. Und außerdem werde ich diese Einstellungen oder Projektionen der Mitarbeiter nicht ändern können. Ich muß doch trotzdem etwas machen können.

C: Sie können natürlich nicht Ihre Rolle als Vorgesetzter oder die Einstellungen der Mitarbeiter verändern. Das, was in unseren Gesprächen auch schon deutlich geworden ist, ist die Wirkung eines Verhaltens als Aktion und Reaktion, beides läßt sich nicht voneinander trennen. Sie müssen sich fragen, wo der Grund für die ablehnende Haltung liegt, worauf die Mitarbeiter reagiert haben: auf Sie als Vorgesetzten, auf Sie als Mensch, auf die spezifische Situation oder auf Konflikte in der Gruppe.

X: Das bedeutet, daß ich immer aus mehreren Perspektiven gleichzeitig eine Situation betrachten muß. Und ich kann nie wissen, ob meine Aussagen in bezug auf mich als Mensch, als Vorgesetzter oder in bezug auf einen Gruppenkonflikt aufgefaßt werden. Umgekehrt kann ich genauso wenig wissen, ob eine Aussage an mich als Mensch oder als Vorgesetzter oder in bezug auf einen Gruppenkonflikt gemacht wird.

C: Einen einfachen 10-Punkte-Plan kann es nicht geben. Veränderungen, die lediglich äußerlich sind, erhalten das System. Wachstum oder Entwicklung gibt es dort, wo ein System instabil wird.

X: Aber das ist doch mit Verlust von Sicherheit, Infragestellen von angestammten Rechten und Privilegien verbunden.

C: Und damit auch mit Angst. Vielleicht haben Sie mit Ihrer Geschichte genau daran gerührt.

X: Das mag schon sein, nur kann ich doch nicht auch noch für die Angst der Mitarbeiter Verantwortung übernehmen.

C: Das sehe ich ebenso. Wie haben Sie denn selbst solche unsicheren Situationen für sich erlebt?

X: Bevor ich hier anfing, habe ich bei einem anderen Unternehmen gearbeitet. Ich hatte einen Chef, der in schwierigen Situationen immer den Eindruck vermittelte: Wir schaffen das schon. Er hatte einfach Ausstrahlung, und die Mitarbeiter wußten, wo Sie bei ihm dran waren. Von diesem Chef habe ich viel gelernt.

Charisma

C: Was hat denn seine Ausstrahlung ausgemacht?

X: Er verkörperte das, was er sagte. Deshalb konnte er andere mitreißen.

C: Er war wohl jemand, dem man glauben konnte.

X: Genau, er redete nicht nur von Werten, sondern lebte sie auch.

C: Sie kommen so richtig ins Schwärmen. Wenn ich auf die Uhr schaue, sehe ich, daß die Stunde gleich vorbei ist.

X: Aber so können wir doch nicht Schluß machen. Was bedeutet das denn jetzt für mich?

C: Sie haben Ihren ehemaligen Chef als jemanden beschrieben, der eine Situation, wie Sie sie mit der Planungsgruppe beschrieben haben, dadurch gelöst hat, daß er als Person für Werte stand, die er konsequent lebte, daß er einen klaren persönlichen Stil hatte und damit die Dynamik von Aktion und Reaktion bestimmt hat.

X: Seine Klarheit und Direktheit nahm ihm niemand übel, weil jeder wußte, daß er fair war. Er war einfach eine Einheit und er stellte einen Bezugspunkt dar. Mißverständnisse gab es kaum. Seine Klarheit übertrug sich auf die Mitarbeiter.

C: Im Sinne der Klarheit machen wir jetzt Schluß, denn wir hätten fast die Zeit vergessen.

Theorie

Der achte Schritt besteht nun darin, daß der Coachee sich die Zeit nimmt, seine Vorhaben noch einmal zu reflektieren. Er stößt dann auf die Frage des Stils, der sich auch im Umgang mit der Zeit zeigt. Ihm wird deutlich, wie sehr sein Stil, seine geäußerten moralischen und ethischen Vorstellungen zur Stabilität eines Unternehmens beitragen. Auch Führung als Teil der Dynamik im Unternehmen wird offensichtlicher. Die Idee eines charismatischen Führers wird abgelöst durch das Wissen um die Wirkung bestimmter Verhaltenseigenschaften, das Wissen um eigene Überzeugungen. Der Manager erfährt, daß Mut im weitesten Sinne eine charismatische Wirkung hat. Sein Mut, sich auf Coaching und diesen konkreten Coach einzulassen, gibt ihm Sicherheit.

Der Coach weiß, daß er gerade an dieser Stelle vom Coachee sehr genau beobachtet wird. Die Überzeugungen, seine Haltung, seine Ethik werden vom Coachee genau registriert. Denn der Coachee will herausfinden, ob der Coach mit sich selbst im Einklang steht oder ein Techniker ist, dem der andere Mensch nur als Kunde wichtig ist.

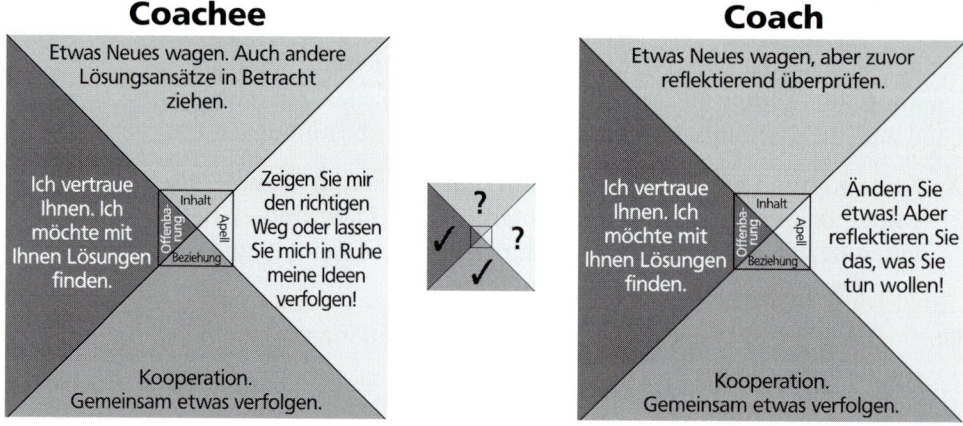

Nach den zögerlichen und vorsichtigen Lösungsansätzen der letzten Phase ist nun eine konstruktive, kommunikative Atmosphäre entstanden. Etwas wirklich Neues wird nun gewagt. Der Coach ist eher wieder in der Situation, zum Nachdenken anzuregen. Damit die Veränderungen erfolgreich verfolgt werden, müssen sie immer wieder reflektiert werden. Auf Grund des veränderten Verständnisses und Empfindens bedeutet dies in der Regel jedoch keine Verlangsamung des Prozesses wie in Phase vier, sondern ein ständiges Bewußtmachen dieser Veränderung. Deshalb wird dieses Reflektieren auch nicht als Verzögerung empfunden, sondern als notwendige Überprüfung des Vorgehens. Im Gegenteil, es wird vielmehr als Beschleunigung wahrgenommen, denn die erreichten Veränderungen werden jetzt deutlich und somit auch der Erfolg. Kommunikative Probleme sind daher kaum zu erwarten.

Ethik und Moral

„Mit welcher Geschwindigkeit heute Menschen – auch führende Manager – oft ihre Gesinnung und Meinung wechseln müssen, da bleibt einem die Spucke weg, aber da bleibt auch das weg, was wir altmodisch Charakter nennen. Die ethischen Hemmschwellen werden mehr und mehr beseitigt, bis sie eines Tages überhaupt nicht mehr vorhanden sind oder bei der Geschwindigkeit der Trendwechsel einfach übersprungen werden." (Härtling S. 597)

Notwendig ist nicht eine Moral als ein geschlossenes System, was vieles erleichtern würde, weil die Regeln eindeutig und klar sind. Notwendig ist eine offene Moral, die sich an der Sozialverträglichkeit menschlichen Verhaltens orientiert. Damit wird die Moral immer neu bestimmt. Voraussetzung dafür ist jedoch, daß ein Mensch eine Ethik entwickelt hat, also ein Gerüst oder das Handwerkszeug besitzt, um aus einer reifen Persönlichkeit heraus sein Handeln moralisch offen gestalten zu können.

Für einen Arbeitnehmer bedeutet dies, daß nicht die „Moral" eines Unternehmens entscheidend ist. Wichtig ist, ob ihm als Arbeitnehmer die Möglichkeit zur Kritik, zum kritischen Interesse gegeben ist. Daran wird deutlich, wie sehr die moralische Grundauffassung mit der Organisationsform verknüpft ist.

Beim Coaching geht es nicht um Moral und Ethik im engeren Sinn. Einem Coach steht es nicht an, das Verhalten eines Coachees moralisch zu bewerten. Er kann seine moralischen Überzeugungen kundtun, muß diese aber klar als seine Vorstellungen benennen. Das Handeln des Coachs ist mit dem eines Aufklärers zu vergleichen. Die Welt im Unternehmen wird nach moralischen Strukturen überprüft, sein Interesse ist darauf gerichtet zu hinterfragen, inwieweit das Handeln der einzelnen Personen von inneren Überzeugungen getragen ist.

Die Gespräche während der Coaching-Sitzungen schärfen die Sensibilität für Fragen der Moral und Ethik. Die Aufmerksamkeit wird auf Zusammenhänge gerichtet, die einen ethischen Hintergrund haben. Es werden jedoch keine Auseinandersetzungen darüber geführt, ob etwas ethisch zu vertreten ist oder nicht. Der Coach enthält sich jeglicher moralischer Aussagen. Der Coachee soll in seiner persönlichen Entwicklung gestärkt werden, ethische oder moralische Entscheidungen zu treffen. Dabei kann es natürlich sein, daß dem Coach die Entscheidung des Coachees nicht gefällt. Hier hat er die nötige Distanz zu wahren, damit er nicht doch Einfluß auf die moralischen Entscheidungen ausübt.

Coaching ist offen für moralische und ethische Fragen. Der Coach vermeidet jede moralische Bewertung. Sein Anliegen ist es, die grundsätzlichen Fähigkeiten zu fördern, die einer moralischen Entscheidung vorausgehen. In seiner Person vergegenwärtigt er einen standfesten Charakter, der für sein Handeln die ethische Verantwortung übernimmt.

Persönlichkeitsbildung

Wenn beim Coaching von Persönlichkeitsentwicklung gesprochen wird, muß der Begriff gegen die enge psychologische Festlegung abgegrenzt werden. Eine Persönlichkeitstypologie oder Charakterkunde ist für das Coaching wenig hilfreich, zumal die wissenschaftlichen Erkenntnisse über Persönlichkeitseigenschaften äußerst begrenzt sind. Wie schon an einigen Stellen deutlich wurde, ist Coaching auch mit Ethik verbunden. Die Nähe zur Philosophie ist ebenso nah wie zur Psychologie. Persönlichkeit wird hier verstanden als die Befähigung zum verantwortlichen Handeln. Die Aufmerksamkeit ist auf die Bildung einer ethischen Persönlichkeit gerichtet, wobei dies schon eine Tautologie ist, denn ethisches Verhalten setzt selbstverständlich eine gereifte Persönlichkeit voraus. Beim Coaching ist die Erstellung eines Persönlichkeitsprofils recht unbedeutend, die Dinge werden direkt angegangen, nicht erst über einen Seelenstriptease. Psychologische Erkenntnisse sind damit nicht unwichtig, sie sind von der Fragestellung her nachgeschaltet. Dies unterscheidet Coaching auch von Therapie, dort nämlich benötigt der Klient die Begleitung durch den Therapeuten, weil er sich mit seiner verwundeten Seele auseinandersetzt. Der Coachee hingegen wird als voll handlungsfähig angesehen.

Der Coach versucht das Handeln zu erweitern und herauszufinden, wie Beruf, Lebensziele und Familie des Coachees zusammenpassen. Coaching beschäftigt sich mit einer Persönlichkeitsbildung, die die Ganzheit des Menschen vor Augen hat. Der Begriff Persönlichkeitsbildung wird hier gewählt, weil er besser das aktive Handeln kennzeichnet. Der Mensch bildet seine Persönlichkeit, indem er seine Entwicklungsmöglichkeiten nutzt und bewußte Anstrengungen unternimmt, die ihn seinen „Lebenszielen" näherbringen. Bildung kann intellektuell, körperlich, emotional oder geistig verstanden werden. Da Persönlichkeitsbildung eng mit Ethik verbunden ist, lassen sich beide Bereiche nicht voneinander trennen. Eine Ethik ohne Persönlichkeitsbildung ist ebenso inhaltsleer wie eine Persönlichkeitsbildung ohne Ethik. Ethik und Persönlichkeitsbildung sind immer in ein soziales Gebilde eingebunden. Ethik ist auf das soziale Umfeld gerichtet und Persönlichkeitsbildung geschieht in der Auseinandersetzung mit anderen.

Bei der Entwicklung einer Unternehmensphilosophie ist die Beachtung dieser Wechselwirkung zwischen einzelnen Personen und dem Komplex Ethik und Persönlichkeitsbildung entscheidend.

Das Ziel von Coaching ist die Heranbildung einer Persönlichkeit. Der Coach achtet darauf, daß dieses Bemühen nicht zu sehr psychologisiert wird. Das Bemühen richtet sich auf die Stimmigkeit des Verhaltens mit den Möglichkeiten und Lebenskonzepten des Coachees.

Motivation

Die psychologische Wissenschaft hat unterschiedliche Konzepte, um Motivation zu erklären, z. B. als ein Trieb, als etwas Erlernbares oder als ein homöostatisches Gesetz.

Vieles, was Motivation ausmacht, kann geklärt werden. Mittlerweile ist allgemein erkannt, daß Geld nicht unbedingt motiviert, daß vielmehr eine gute Arbeitsatmosphäre die Beständigkeit der Motivation gewährt.

Motivation läßt sich relativ leicht für eine kurze Zeit erzeugen, sobald jedoch eine „Belohnung" länger auf sich warten läßt, sinkt die Motivation. Gerade hier ist der Rückhalt des Teams wesentlich. Die Dynamik der Gruppe gilt es so zu lenken, daß es sich für jeden aus der Gruppe rentiert, auf die Belohnung zu warten. Voraussetzung ist natürlich, daß das Ziel in der Tat erstrebenswert ist.

Im Zusammenhang mit TQM kommt es darauf an, Qualität nicht als ein Ziel zu beschreiben, da man ein Ziel irgendwann erreichen muß. Qualität ist in diesem Sinne jedoch kein Ziel, sondern ein Prozeß. Wird TQM jedoch mit dieser Philosophie installiert, dann verfestigt sich die Struktur wieder sehr schnell und es werden Standards erreicht. Qualität wird jedoch nicht mehr angestrebt.

Motivation muß demnach anders implementiert werden, nämlich als Bedürfnis, Prozesse ständig zu verbessern, um eigene Vorteile leichter erreichen zu können.

Coaching unterstützt den Coachee bei seinem Bemühen, Qualität im Unternehmen zu gewährleisten. Dabei richtet sich die Aufmerksamkeit auf die Motivation und die Prozeßbegleitung. Der Coach versteht den Coaching-Prozeß im Sinne einer Begleitung, um so Qualität, Motivation und Sinn zu stärken.

Authentizität und Vorhersagbarkeit

Für das Coaching ist die Übereinstimmung von Wort und Tat ein wichtiges Thema. Es beginnt damit, ob der Inhalt des Redens mit dem Ausdruck übereinstimmt, und endet damit, ob eine Meinung oder ein Verhalten mit dem Lebensplan übereinstimmt. Die Gesprächspsychotherapie nach Carl R. Rogers ist von der Überzeugung getragen, daß ein Mensch von einer solchen Authentizität so erfaßt wird, daß er in dieser ehrlichen Begegnung gesund wird. Die Wirkung überzeugender Menschen läßt sich sicherlich auch auf diese Unmittelbarkeit zurückführen.

Ein Vorgesetzter, der authentisch ist, unmittelbar mit seinen Mitarbeitern spricht, kann sich sicher sein, daß weniger undurchsichtige Gruppendynamiken entstehen, die Veränderungen verhindern und destruktive Entwicklungen fördern. Seine ausgesprochenen Überzeugungen werden als authentisch erfahren und führen somit zu einer hohen Verläßlichkeit. Diese Verläßlichkeit schafft wiederum einen Anreiz für ein verbindliches Verhalten.

Weiterhin haben sozialpsychologische Experimente gezeigt, daß Menschen mit einem starken Selbstbewußtsein bei ihrer Meinung bleiben und daher auch verläßlich sind, weil die anderen wissen, daß eine einmal geäußerte Meinung durchgehalten wird. Das Verhalten dieser Menschen wird sehr stark von innen bestimmt. Sie orientieren sich nicht allein an den Wertemaßstäben des Umfelds, sondern entwickeln ihr Verhalten aus der Überprüfung der von außen vorgegebenen Werte mit ihren eigenen. Stark extrovertierte Menschen sind daher weniger sicher einschätzbar, da sie sich eher situativ entscheiden.

Es wäre nun ein Trugschluß zu behaupten, Vorhersagbarkeit sei nur an der Persönlichkeit eines einzelnen Menschen festzumachen. Es ist vielmehr so, daß das Umfeld ein maßgeblicher Faktor ist, um das Verhalten einzelner Menschen vorhersagen zu können. In autoritären Strukturen ist z. B. die Willkürlichkeit im Verhalten der Autoritätsperson eine Grundbedingung für den Erhalt des Systems. Die Gruppe, das Arbeitsteam sowie die Begegnung zweier Menschen sind abhängig vom Entwicklungsstand der Beziehung, vom Inhalt dessen, was sie miteinander tun, sowie vom Ort und von der Zeit. Vorhersagbarkeit ist daher auch das Ergebnis eines gemeinsamen Reifens in der Beziehung. Durch den Aufbau von Vertrauen entsteht Offenheit.

Coaching ist die Überprüfung alltagspsychologischer Überzeugungen, um Vorhersagbarkeit als Ergebnis eines Prozesses zu erfahren. Die Perspektive wird auf die dynamischen Anteile von Beziehungen oder Gruppen gerichtet. Dabei gilt es, den Beitrag des Coachees in dieser Dynamik zu erfassen und gleichzeitig strukturelle Bedingungen aufzuspüren, die eine förderliche Dynamik behindern oder begünstigen. Ein besonderer Schwerpunkt liegt bei der Authentizität, d. h. bei der Übereinstimmung von Reden und Handeln.

Coaching ist eine nach innen gerichtete Auseinandersetzung, die einen ehrlichen und bewußten Umgang mit sich selbst fördert. Auf diese Weise entwickelt sich eine hohe Verläßlichkeit, und das Verhalten wird eher vorhersehbar.

Charisma

Das Wort Charisma hat eine fast magische Bedeutung. Vielfach wird angenommen, daß Menschen mit Charisma übersinnliche Kräfte hätten und ihre Ausstrahlung einfach jeden überzeuge. Möglicherweise wird dieser Begriff jedoch dann benutzt, wenn man nicht weiß, wie man einen bestimmten Menschen einschätzen soll. Es fehlen die eindeutigen Beschreibungskriterien. Schaut man genauer hin, so stellt man fest, daß die Unmöglichkeit des Beschreibens genau das ist, was den Charismatiker ausmacht. Sein Handeln wird zu einem Geheimnis. Die Überzeugungskraft des Charismatikers ist stark von dieser Undurchsichtigkeit bestimmt. Das heißt nicht, daß der Charismatiker in seiner Persönlichkeit undurchsichtig ist, sondern daß nicht erkennbar ist, warum dieser Mensch in dieser Situation bei diesen Menschen eine solche Wirkung hat.

Will man diesen charismatischen Aspekt nicht den Umständen oder dem Zufall überlassen, so geht es darum, die Eindeutigkeit der Kommunikation aktiv zu bestimmen. D.h., die Angesprochenen müssen wissen, daß sie sich auf verläßliche Reaktionen einstellen können. Im allgemeinen ist diese Verläßlichkeit mit dem Begriff Stil verbunden. Derjenige, der einen eindeutigen Persönlichkeitsstil hat, ist kalkulierbar. Damit wird ihm auch die Aufgabe einer Führung zugewiesen, denn ein Mensch mit Stil gewährt am ehesten die Beständigkeit einer Gruppe. Dysfunktionale Gruppen zeichnen sich dadurch aus, daß derjenige die Führung zugewiesen bekommt, der zwar verläßlich in seinem Verhalten ist, aber gleichzeitig die Strukturen einer Gruppe verdeckt.

Für das Coaching bedeutet dies, daß zunächst einmal der Coach einen überzeugenden Stil entwickelt hat, der charismatisch oder motivierend wirkt. Dieses Charisma ist für die Akzeptanz des Coachs entscheidend, weil es für das Coaching manchmal keinen vernünftigen Grund zu geben scheint. Der Persönlichkeitsstil des Coachs ist für den Coachee die Motivation, anzufangen oder an schwierigen Stellen weiterzumachen. Denn wo es zunächst keinen ökonomischen Vorteil gibt, muß die Zuverlässigkeit, die Seriosität, die Professionalität und die Ehrlichkeit des Coachs das Vertrauen und den Glauben an die Richtigkeit des Handelns beim Coachee herstellen.

Auf der anderen Seite geht es beim Coaching um die Entwicklung des Coachees zu einer eindeutigen Persönlichkeit. Der Coachee hat am Ende exemplarisch die Wichtigkeit seines eigenen Stils erkannt und ist motiviert, alleine daran weiterzuarbeiten.

Coaching ist das Bemühen, die Ungereimtheiten des Coachees zu einer eindeutigen Persönlichkeit zu führen. Das Ergebnis von Coaching ist die Etablierung eines Persönlichkeitsstils. Die Kommunikation im Unternehmen wird dadurch eindeutiger und somit konstruktiv.

Der Vorgesetzte als Förderer des Mitarbeiters

Der Vorgesetzte muß als Förderer des Mitarbeiters eine längerfristige betriebliche Planung mit Sinn füllen. Sie muß eine echte, ermutigende Perspektive für den Mitarbeiter beinhalten. Der Vorgesetzte sollte bemüht sein, partnerschaftliche, beidseitig akzeptierte Lösungen zu gestalten. Durch Ermutigung und Reduzieren der Ängste kann er den Mitarbeiter in seinen Fähigkeiten aktivieren.

Diese Vorstellung von Führung beinhaltet ein aktives und passives Führungsverständnis. Die Führungsperson wird von ihren Mitarbeitern ebenso geführt, wie sie die Mitarbeiter führt. Eine optimale Führung ist die gelungene Interaktion zwischen Führer und Geführten. Das Bild von Führung im Sinne alter Industriekapitäne, wie beispielsweise Krupp, kann als überholt bezeichnet werden.

Coaching kann als Resultat einer veränderten Einstellung zur Führung verstanden werden. Dabei geht es einmal darum, wie ein Vorgesetzter Führung versteht, aber auch wie Mitarbeiter mit Führung umgehen.

Der Unternehmer

Der Unternehmer findet trotz komplizierter Verflechtungen immer eine Lösung. Er sieht einen Weg, wo andere nur auf Mauern stoßen; er schafft Neues, während die meisten sich an das klammern, was sie bisher erreicht haben (Bude S. 850).

Er setzt nicht nur auf Sicherheit, sondern geht auch Wagnisse ein. Seine Wagnisbereitschaft und seine Innovationskompetenz fördern die positive Entwicklung in der Zukunft. Der Unternehmer ist eine Figur der Unruhe. Er kombiniert bekannte Dinge neu.

Der Coach verunsichert den Coachee, weil er beharrlich nach Ursachen und Zusammenhängen fragt. Damit erzeugt er das, was ein Unternehmer braucht: kreative Unruhe.

Kommunikationsstile

Wesentlich bei der Mitarbeiterführung ist der Kommunikationsstil. Schulz von Thun unterscheidet acht typische Kommunikationsstile:

Bedürftig-abhängiger Stil: Der Kommunikationsteilnehmer hinterfragt wenig die Thesen und Meinungen des anderen und signalisiert Zustimmung, obwohl er im Inneren anderer Meinung ist.

Helfender Stil: Bei Störungen oder Schwierigkeiten versucht der Kommunikationsteilnehmer, durch offene Fragen das Gespräch in Gang zu halten.

Selbst-loser Stil: Eigene Interessen werden nicht geäußert, eher die Interessen des anderen. Der Kommunikationsteilnehmer vertritt seine Meinung, ist aber nicht aggressiv.

Aggressiv-entwertender Stil: Hier hat der Kommunikationsteilnehmer das Ziel, andere zu erniedrigen oder abzuwerten.

Sich beweisender Stil: Die eigene Meinung wird nicht in Frage gestellt. Der Kommunikationsteilnehmer wirkt arrogant.

Bestimmend-kontrollierender Stil: Hier liegt ein dirigistischer Gesprächsstil vor.

Sich distanzierender Stil: Der Kommunikationsteilnehmer ist nicht so richtig bei der Sache, entwickelt kein eigenes Profil.

Mitteilungsfreudig-dramatisierender Stil: Kleinigkeiten werden hochgespielt.

Die Beschäftigung mit den Kommunikationsstilen beim Coaching dient der genaueren Selbst- und Fremdwahrnehmung. Der Coach nutzt eine solche Einteilung nicht als Typologisierung, sondern als Anregung zur Beobachtung.

Fazit

1. Coaching ist eine Beratungsform, die immer auf das Grundsätzliche zurückgreift, die sich das Recht herausnimmt, Dinge gründlich und außerhalb des gewohnten Rahmens zu betrachten.

2. Coaching ist mit einem bestimmten Elitebewußtsein verbunden. Elite in diesem Sinne bedeutet, daß jeder an seinem Ort und zu seiner Zeit eine besondere Aufgabe leisten kann.

3. Die Absicht von Coaching ist es auch, Ethik zu thematisieren und zu fördern. Das Ziel ist ein ethisches Bewußtsein.

4. Führung wird als ein komplexer Vorgang gesehen, der nicht durch die Schulung von Führungstechniken zu erfassen ist. Coaching richtet die Aufmerksamkeit auf die Wechelwirkungen von Führen und Geführtwerden.

Literaturhinweise

Bude, Heinz, Die Hoffnung auf den „unternehmerischen Unternehmer". Über wirtschaftliche Eliten, in: Universitas September 1997, S. 850–858
Bude beschreibt den Unternehmer als einen Unruheherd.

Schulz von Thun, Friedemann (1992), Miteinander reden. Störungen und Klärungen. Allgemeine Psychologie der Kommunikation,
Reinbek bei Hamburg, Rowohlt.

Schulz von Thun (1992), Miteinander reden. Stile, Werte und Persönlichkeitsentwicklung. Differentielle Psychologie der Kommunikation,
Reinbek bei Hamburg, Rowohlt.
Diese beiden Bände von Schulz von Thun gelten als grundlegende Bücher über Kommunikation.

Schulz von Thun, Friedemann (1998), Miteinander reden. Das „Innere Team" und situationsgerechte Kommunikation,
Reinbek bei Hamburg, Rowohlt.

Ulich, Eberhard (1994), Arbeitspsychologie,
3. Aufl., Stuttgart, Schäffer-Poeschel.
Dies ist ein Studienbuch über die Arbeitspsychologie. Wer sich über Fragen zu Motivation, Teamarbeit usw. informieren will, findet hier grundlegende Informationen.

9. Sitzung: Integration

Dialog zwischen Coach C und Coachee X

X: Mir ist es ein Bedürfnis, all das, was wir in unseren Gesprächen besprochen haben, Revue passieren zu lassen und zusammenzufassen.

C: Ja, wir sind jetzt an einem Punkt, an dem die einzelnen Teile ein vollständiges Bild ergeben.

X: Schön, sonst wäre mir das Ganze auch zu konfus.

C: Beginnen Sie doch einfach, Ihre Gedanken zu ordnen.

X: Ich habe schon alles mögliche ausprobiert, aber im Grunde war es immer dasselbe, es gab einen Fortschritt, doch nach kurzer Dauer war alles wie vorher. Ich wußte, irgendwie muß das anders laufen. Dann hat mir ein Freund von seinen Coaching-Erfahrungen erzählt und sagte, daß Coaching grundsätzlicher sei. Das normale operative Geschäft beherrschen wir ja, nur ... naja, wie soll ich das sagen ... im Verlauf unserer Gespräche ist mir bewußt geworden, daß Veränderung dort geschieht, wo die Beteiligten sich wirklich auf etwas Neues oder Ungewohntes einlassen.

C: Es geht darum, daß es immer Menschen sind, die Veränderungen möglich machen, und daß man solche Prozesse nicht technisch oder methodisch verengen kann.

X: Ja, und ich habe bisher immer geglaubt, daß das Menschliche mit Menschlichkeit gleichzusetzen wäre.

C: Sie glaubten, daß Menschlichkeit mit einem moralischen Anspruch verbunden sei.

X: Genau, es wird schnell ein moralischer Anspruch erhoben. Und ich habe gelernt, daß es zunächst gar nicht um Moral geht, sondern einfach nur um das Menschliche.

C: Das ist die Schwierigkeit gewesen, mit der wir es in mehreren Sitzungen zu tun hatten. Wenn Menschen sich miteinander auseinandersetzen, dann stehen sich zwei Weltanschauungen gegenüber und beide Parteien halten ihre Sicht der Welt für moralisch besser, auch wenn beide Parteien dies nie so zugeben würden.

X: Damit sagen Sie ja auch, daß es nicht um richtig oder falsch geht, sondern um das Wagnis, sich einfach auf etwas Neues einzulassen, ohne Sicherheiten wie Moral oder Technik zu haben.

C: Es hat etwas mit der Haltung zu tun, auf andere zuzugehen und nicht zu wissen, was geschehen wird.

X: Und Sie haben mir in der achten Sitzung deutlich gemacht, daß Neues erst gewagt werden kann, wenn man sich mit seiner Egozentrik auseinandergesetzt hat. Ein Ziel wird dadurch deutlich, wenn ich meine eigenen Bedürfnisse erkennen kann.

C: Wenn ich meine Wünsche einordnen kann.

X: Viele Entwicklungen und Projekte scheitern deshalb, weil sich die Beteiligten eine emotionale Zufuhr davon versprechen, aber das Ganze zu sehr versachlicht wird. Projekte müssen zwei Erwartungen erfüllen: Es muß etwas Konkretes dabei herauskommen, und die Beteiligten müssen ihren emotionalen Nutzen davon haben. Das war die Geschichte mit den Träumen. Wovon träume ich? Was sind meine kühnsten Phantasien?

C: Die gesteht man sich oft nicht ein.

X: Stimmt, sie klingen auch oft zu abwegig.

C: Aber gerade so kommen wir uns als Menschen näher.

X: Ich habe in der heutigen Sitzung das Gefühl, wir gehen jetzt aufeinander zu, weil ich nicht mehr glaube, mich verteidigen oder rechtfertigen zu müssen. Ich bin mir sicher, daß Sie nicht irgendwie psychologisch etwas deuten wollen.

Integration   C: Das ist auch der Punkt, an dem wir die Dinge integrieren können. Die Sache wird langsam rund.

X: Das Gefühl habe ich auch. Die Sitzungen erscheinen mir jetzt nicht mehr zusammenhangslos.

C: Quasi leuchtet jetzt so etwas wie ein roter Faden auf.

X: Genau. In der ersten Sitzung haben wir über Coaching geredet, Anlässe, Definition usw. Ich wußte nicht, worauf ich mich einließ, und mir war alles suspekt. Ich konnte mit dem, was Sie über Coaching erzählt haben, nicht viel anfangen. Aber ich habe mich darauf eingelassen und frage mich, wieso eigentlich?

C: Ja wieso?

X: Mir stand das Wasser bis zum Hals, ich mußte etwas unternehmen. Und ich hatte keine Lust, einen anderen zu suchen. Denn da hätte ich möglicherweise das gleiche Problem gehabt. Ich muß gestehen, Sie haben irgendwie so eine Gewißheit ausgestrahlt, weil Sie kurz und knapp nachgefragt haben. Dadurch haben Sie mir das Gefühl vermittelt, daß Sie sich Ihrer Sache sicher sind.

C: Ich war mir in der zweiten Sitzung erst sicher, daß ich mit Ihnen die Sache durchziehen will.

X: Was hat Sie eigentlich dazu bewegt? Ich war wohl eine Herausforderung für Sie?

C: Das auch, ich habe Ihre grundsätzliche Offenheit gespürt und war ausgesprochen neugierig, wie es weitergeht.

X: Aber Sie wußten auch nicht, wohin es gehen würde.   Integrität

C: Genau.

X: Ich hätte, ich glaube es war in der fünften Sitzung, den Prozeß beinahe abgebrochen. Denn nachdem wir zueinander Vertrauen gefaßt hatten und ich so richtig loslegen wollte, haben Sie meinen ganzen Elan gebremst.

C: So ein Spielverderber.

X: Ich hätte ein Spiel gespielt, bei dem ich wahrscheinlich verloren hätte. Ich habe ja bemerkt, daß meine Mitarbeiter von diesem Enthusiasmus mehr irritiert als mitgerissen waren. Ich wollte in alter Manier loslegen. Eine wirkliche Veränderung hätte mir dabei niemand geglaubt.

C: Und dann kam auch noch die sechste Sitzung.

X: Wohl wahr. Die sechste Sitzung war eine besonders harte Prüfung. Ich war anfangs sehr skeptisch, doch nach den Sitzungen kann ich nur sagen, Sie machen Ihre Arbeit gut, vor allem, weil Sie bei dem bleiben, was Sie sagen.

C: Ich schlage vor, daß wir anhand der Schritte im Märchen das Ganze einmal durchgehen.

X: Warum denn jetzt auf einmal Märchen?

C: Weil Märchen eine gute Möglichkeit sind, Erfahrungen zu strukturieren. In den Märchen werden in sieben Schritten eigentlich alle menschlichen Probleme dargestellt, und die Arbeit mit Märchen ist eine Methode, die nicht so technisch ist.

X: Methode gefällt mir, das haben Sie ja sonst vermieden. Warten Sie, ich hole mir ein Blatt, damit ich die sieben Schritte mitschreiben kann.

C: Gut. Es gibt zwei Ursprünge: das königlich Gute oder Böse. Königlich bedeutet dabei Würde. „Es war einmal ...“ In diesem ersten Satz wird meistens auch das Problem benannt, in der Regel bildhaft beschrieben.

X: Und danach macht sich der Held in die Welt auf.

Märchen

C: Die Märchen beschreiben damit den notwendigen Aufbruch aus dem Bekannten, dem familiären Rahmen.

X: Und wie geht es weiter?

C: Der nächste Schritt ist der Beweis der Herzensgüte.

X: Was meinen Sie denn damit?

C: In den Märchen machen sich z. B. drei Söhne auf. Zwei zielgerichtet, einer offen. Herzensgüte bedeutet dabei, daß der jüngste Sohn mit offenen Augen in die Welt geht. Dabei sieht er auch etwas ganz anderes als das Ziel, er sieht das Elend und hilft. Das bekommt er später zurück. Der Königssohn legt sich drei Jahre ins Bett und leidet. Aber am Ende steht die Hochzeit.

X: Aha, da ist wieder Ihre Betonung der Ruhe. Der Held gönnt sich sogar drei Jahre, mit anderen Worten: jede Menge Zeit.

C: Genau.

X: Was folgt denn nach einer solch langen Ruhepause?

C: Der Held kämpft mit einem Drachen, löst Aufgaben, die ihm gestellt werden.

X: Das ist mir schon wieder sympathischer: Anpacken, seine Sachen erledigen.

C: In den Märchen ist die Sache damit nicht beendet. Es wird aufgezeigt, daß die Erledigung einer Aufgabe noch nicht deren Abschluß bcdcutct.

X: Wieso das?

C: In den Märchen wird nun von Verfolgung gesprochen. So haben die älteren Brüder den jüngeren betrogen, ihm das Lebenswasser gestohlen. Der jüngere Bruder muß nun seinen Erfolg erst beweisen, häufig wird er selbst vom Vater verstoßen.

X: Na ja, so geht es mir auch oft. Ich bin von einer Sache überzeugt, sie läuft auch gut, aber irgendwie neidet man mir den Erfolg oder die gute Idee.

C: Es muß erst klarwerden, daß alle einen Vorteil von Neuerungen haben.

X: Gut, jetzt kommt die Hochzeit.

C: Nein, noch nicht, denn die Märchen geben tiefe menschliche Erfahrungen wieder. Es folgt die Verwechslung.

X: Was ist das denn?

C: Das Ergebnis ist oft anders als erwartet. Eine winzige Kleinigkeit wurde nicht beachtet, und schon scheint alles einen völlig anderen Weg zu nehmen. In den Märchen wird oft geschildert, daß der Prinz die falsche Braut wählt. Zu sehr ist er von seinem Sieg geblendet und innerlich nicht soweit, daß er auf das zugeht, was ihm entspricht.

X: Das kenne ich doch irgendwoher. Als wir uns über Ziele unterhielten, erzählten Sie, daß das mit den Zielen gar nicht so einfach wäre.

C: Zum Ziel kommt der Held trotzdem. Der Prinz findet schließlich die richtige Braut, und es wird gefeiert.

X: Ich glaube, ich verstehe jetzt mehr als damals in unserem Gespräch. Sie sind nicht gegen Zielfindungsprozesse und Planung. Sie warnen nur davor, Ziele absolut zu setzen, weil man dann innerlich nicht mehr spürt, wann etwas schief geht, ein Ziel nur eine Flucht ist oder man sich einbildet, das Ziel erreicht zu haben.

C: Ende des Märchens. Es findet summa summarum einen positiven Schluß.

X: Was bedeutet das denn nun für den Coaching-Prozeß?

C: Es gibt etwas Positives und Negatives in jeder Situation. Beides wird hier benannt, das Problem oder allgemeiner die Situation wird beschrieben. Dies setzt eine entsprechende Einstellung voraus. Die Erkenntnis, handeln zu müssen, ist der erste wesentliche und erfolgversprechende Schritt. Das Erkennen und Akzeptieren der erforderlichen Dynamik, der Veränderung, ist dazu Voraussetzung.

X: Somit ist der erste Schritt, die Situation oder Aufgabe zu benennen.

C: Man darf und kann nicht an Altem festhalten. Der Held im Märchen ist naiv, läßt von der Situation los.

C: Das wird häufig erst durch offene Gespräche ermöglicht. Dieses Bewußtsein ist die beste Voraussetzung, um einen Coachingprozeß zu beginnen.

X: Wenn man ein Ziel erreichen will, muß man „dumm" sein.

C: Dumm im Sinne von offen für die Welt. Heute würde man vielleicht auch naiv sagen. Um in einen Prozeß hineinzukommen, muß ich „dumm" an die Situation herangehen, um allem gegenüber offen sein zu können. Sie mußten sich offen mit allen Risiken auf mich einlassen.

X: Sie ja auch, denn mit einer solchen Art riskieren Sie sicherlich häufig, daß man Sie für verrückt hält und Sie keine Aufträge bekommen.

C: Wie im Märchen bedarf es des Kampfes.

X: Der Situation muß man begegnen, auch wenn das einen Kampf bedeutet.

C: Kampf bedeutet ein vielleicht auch schmerzliches Erkennen der Situation. Eine Lösung zu erkennen, bedeutet Sieg.

X: Nach diesem ersten Erfolg, dieser ersten Lösung, dem Verstehen der Situation, stellt sich nicht nur die Frage, wie es weiter geht. Zudem muß bewertet werden, ob das bis hierhin Geleistete klar, verständlich und vernünftig war.

C: Nicht das Machbare, sondern das wirklich „Gute" gilt es zu verfolgen.

X: Jede Veränderung, und sei sie noch so positiv, beinhaltet auch immer einen Nachteil.

C: Dieser Sachverhalt kann zur Verwirrung und somit zu Verwechslungen führen. Es gilt, die positiven Elemente zu identifizieren und die negativen zu eliminieren.

X: Damit ist dann auch ein Coaching-Prozeß beendet.

C: Dies bedeutet nicht unbedingt, daß das Leben insgesamt besser laufen wird. Aber ein besseres Bewußtsein und Verständnis der betrachteten Punkte muß das Fazit des Prozesses sein. Somit endet der Coaching-Prozeß.

X: „Ich wollte Coaching", das konnte ich eigentlich erst ganz zum Schluß sagen.

Effektivität und Effizienz

C: Man löst sich schwer von allem Alten. Entwicklung und Veränderung zu bejahen, ist mit einer Einstellungsveränderung verbunden.

Es bedeutet aber auch ein ernsthaftes Infragestellen des Coaching-Trainers. Nur bei expliziter Bejahung seiner Person kann ein effektiver Lernprozeß eingeleitet werden.

X: Sie hörten zu, das war Ihr Rezept. Es bedeutet auch, sich ohne Erwartung auf den anderen einzulassen. Somit kann insbesondere die eigene Ausdauer strapaziert werden.

C: Der Lernprozeß bedarf dieser Herzensgüte.

Dies ist die Vermittlung der Inhalte an sich.

X: Einige tun sich doch sicherlich zunächst sehr schwer mit den Inhalten.

C: Um so größer ist dann der Sieg, wenn die Vermittlung von Coaching Früchte trägt. An dieser Stelle mag ein echter Kampf mit sich selbst auftreten, die eigene Geduld wird gefordert.

X: Das Erlernte werde ich nun umsetzen und meine Erfahrungen dabei sammeln.

C: Dabei werden sicherlich so manche Probleme auftreten. Denn viele Verwechslungen, Mißverständnisse und Schwierigkeiten sind zu klären. In diesem erweiterten und tieferen Verständnis von Coaching und seiner praktischen Umsetzung liegen auch die Chancen, um Coaching selbst prima anwenden zu können.

X: Mir wird jetzt klar, was Sie mit der Verlangsamung meinten. Es geht eigentlich darum, daß Veränderungen nicht verordnet werden können. Vielmehr ist das, was passiert, ein Prozeß, der zu Veränderungen führt. Veränderungen brauchen Zeit, und es kann sich nur das verändern, was irgendwie schon angelegt ist. Eine Hummel kann sich nicht in einen Adler verwandeln.

C: Genau, das meine ich. Viele leben von Erfolgsversprechungen.

X: Und dann werden Konzepte angeboten, die bei dem einen Unternehmen funktionieren, bei dem anderen jedoch nicht. Ich kann doch nur selber wissen, was in meinem Unternehmen die richtige Vorgehensweise ist.

Planungen

C: Eben.

X: Wozu brauche ich dann noch Berater?

C: Im Prinzip brauchen Sie keinen Berater.

X: Was heißt im Prinzip?

Der gesunde   C: Nun ja, Sie allein bzw. Ihre Mitarbeiter wissen, wie Veränderungen
Menschen-   aussehen könnten. Berater können Ihnen dabei helfen, schneller
verstand   und zuverlässiger zu diesem Wissen zu gelangen.

X: Oh, die Zeit ist schon wieder um.

C: Stimmt.

X: Das mit den Märchen hat mir übrigens gut gefallen. Vielleicht, weil
   wir über eine mögliche „Methode" geredet haben.

C: Wir können das in der nächsten Stunde einmal konkret ausprobieren.

X: Darauf freue ich mich schon.

Theorie

Im neunten Gespräch versuchen nun Coach und Coachee, die einzelnen Sitzungen durchzugehen, zu deuten und in Beziehung zu setzen. Hier wird dann auch deutlich, welche Beziehung die beiden eingegangen sind.

Inhaltlich ordnet der Coach sein Handeln ein. Dem Coachee wird durch die Erfahrungen aus den vorangegangenen Sitzungen deutlich, mit welcher Sichtweise und Haltung der Coach seine Arbeit betreibt. In dem hier vorgestellten Ansatz von Coaching wird die ökosystemische Theorie erklärt. Eigentlich könnte das Coaching hier beendet werden. Doch es fehlt noch die Initiierung neuer Prozesse und das Eingehen auf die Beziehungsqualität.

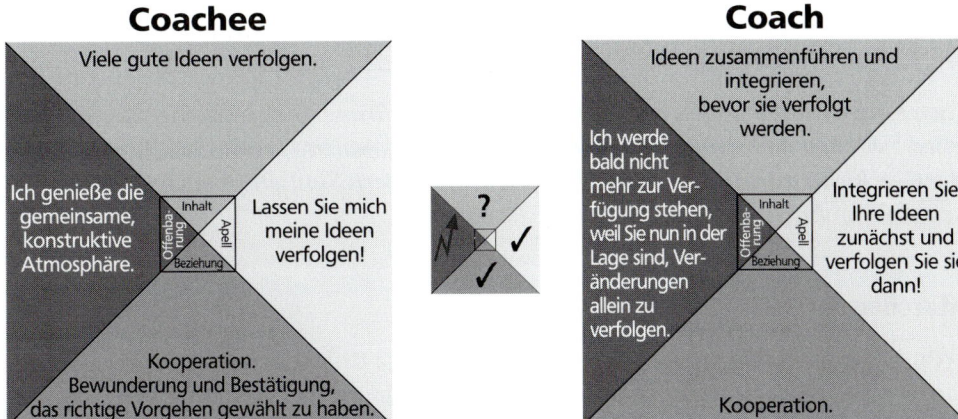

Wie die letzte Phase ist auch diese durch eine sehr kreative und konstruktive Atmosphäre geprägt. Lediglich die Zusammenfassung und Integration von Ideen und Veränderung mag befremdlich anmuten, da sie den starken Tatendrang zu bremsen scheinen. Dabei bereitet der Coach seinen Weggang vor, so daß der Coachee seinen begonnenen Veränderungsprozeß alleine weiter verfolgen kann. Dies kann selbstverständlich zu Irritationen führen, da das weitere Vorgehen und das zukünftige Verhältnis zueinander unklar sind. Dennoch steht diese Phase klar im Zeichen des Aufbruchs. Daher sind auch keine großen kommunikativen Probleme zu erwarten.

Geschichten erzählen

Der Mensch hat schon immer Geschichten erzählt. Dort wo Geschichten erzählt werden entsteht ein Kontinuum, das wieder neue Kontinuitäten schafft. Die menschliche Identität ist nicht statisch, vielmehr befindet sich der Mensch immer auf dem Weg zu seiner Identität. Dieses Gefühl der Bewegung oder Entwicklung motiviert, beschäftigt den Menschen, läßt ihn unruhig sein und seine Lebendigkeit erfahren. Lebensläufe sind immer Entwürfe.

Durch die Spezialisierung in vielen Arbeitsbereichen ist es einigen Menschen nicht mehr möglich, den Sinn ihrer einzelnen Tätigkeit zu erkennen. Rationale Erläuterungen sind wenig hilfreich, weil das Verstehen keine emotionalen Erfahrungen liefert. Der Sinn der einzelnen Tätigkeit kann eher dadurch erfahrbar gemacht werden, daß Geschichten erzählt werden, die den Zusammenhang herstellen. Darin besteht eine der Hauptaufgaben des heutigen Managers. Denn wenn Führung Sinn vermittelt und Zusammenhänge aufzeigt, wird das Engagement der Mitarbeiter gefördert.

Die durch die Spezialisierung hervorgerufene Entfremdung von der Arbeit kann erst dann wieder aufgehoben werden, wenn der Wunsch zur Veränderung durch die Herstellung von Sinn gedeutet wird.

Der Menschheitsentwurf der Märchen, der zugleich der Entwurf unserer individuellen Kindheit ist, besiegt die fremd-manipulierende Erwartung.

Coaching vermittelt einen narrativen Ansatz der Führung. Geschichten sind ein Bindeglied zwischen dem rein rationalen und dem emotionalen Verständnis. Ein Manager, der Geschichten erzählt, vermittelt seinen Mitarbeitern Sinn. Der Coach vermittelt diesen Ansatz durch seine erzählerische Haltung.

Märchen

Wünsche sind ein wichtiges Motiv im Märchen. Sie drücken die tiefe Zuversicht an die Veränderbarkeit von Situationen aus. Unvorhergesehenes geschieht, und der Wunsch erfüllt sich. Es ist die archaische Hoffnung einer kindlichen Weltsicht, die Wünsche nicht mit erbrachter Leistung verbindet.

Im Märchen ist der Wunsch oft eine Belohnung für ein unkonventionelles Verhalten. Der Erfüllung geht jedoch eine Prüfung voraus. Sensibilität und Geduld sind die Bedingungen für diese Prüfung.

Die magischen Gegenstände in den Märchen weisen darauf hin, daß die ursprüngliche Kraft gebunden ist. Belohnt wird der Held im Märchen, wenn er diese ursprüngliche Kraft zuläßt, d. h. wenn er den tiefen Fragen des Menschseins nicht ausweicht. Belohnt werden diejenigen, die wahrhaft wünschen.

Märchen bieten eine von vielen Möglichkeiten, sich menschlichen Grundfragen nicht rein intellektuell, sondern ungezwungen und eher spielerisch zu nähern.

Teamentwicklung

Kleinigkeiten stören oft die Arbeitsatmosphäre, beispielsweise die Nichteinhaltung organisatorischer Absprachen, mangelnde offiziell abgesprochene Kooperationsregeln, nicht eingehaltene Rituale, zu wenig Rückmeldung, zu wenig Feedback. Es ist allseits bekannt, daß funktionierende Teams aufgrund ihrer Motivationen erstaunliche Leistungen erbringen.

Teamentwicklung hat, ebenso wie Organisationsberatung, eine enge Verbindung zur Supervision und Psychotherapie. Die Abgrenzung zu diesen Bereichen bzw. die klare und eindeutige Benennung, was mit dem Instrumentarium und dem Wissen aus diesen Bereichen gemacht werden soll, ist daher sehr wichtig.

Die Ziele einer Teamentwicklung sind: Offenheit, Spontaneität, Konfliktfähigkeit, Kooperationsbereitschaft, Verständnis für den anderen, Teamfähigkeit, Experimentierfähigkeit, Bewußtheit der eigenen Person, Erhöhung der sozialen Sensibilität und Kompetenz sowie die Erweiterung der Verhaltensflexibilität, Selbstreflexionsfähigkeit und Transferfähigkeit.

Neben dem eigentlichen Verhalten bedarf es auch eines theoretischen Wissens über Gruppenvorgänge. Die Möglichkeiten liegen in der Etablierung einer gemeinsamen Sprache, so daß ein Wir-Gefühl sich ausdrückt und erfahrbar wird. Eine belastende Situation läßt sich in einem guten Team besser ertragen.

Für Führungskräfte ist es wichtig, daß sie solche Gruppenprozesse initiieren und begleiten können. Sie müssen Maßnahmen ergreifen und Strukturen ändern, um die strukturelle Teamfähigkeit ermöglichen zu können.

Zunächst ist es wichtig, das Ziel einer Entwicklung definieren zu können. Dabei muß das Ziel in erfahrbaren und konkreten Visionen vorgestellt werden. Teamfähigkeit ist kein Ziel, sondern ein Wunsch. Teamfähigkeit bedeutet: Mitbestimmung, gegenseitige Akzeptanz in Stärken und Schwächen, inhaltliche Diskussionen anstatt Machtspielchen, zuhören, ausreden lassen, Konfliktfähigkeit, gemeinschaftliche Terminplanung, innovativer Umgang miteinander, Terminbewußtsein, Spaß an Kooperation, Akzeptanz von Herausforderungen.

Teamentwicklung ist nicht nur situativ notwendig, sondern auch als Prävention, um für Konflikte gerüstet zu sein.

Da die äußeren Rahmenbedingungen sich ständig ändern, muß das Team auf dem Weg der Anpassung begleitet werden. Zur Reife eines Teams gehört es, den Reifestand zu erhalten. Mit jedem neuen Mitarbeiter ergeben sich Veränderungen, die bedacht werden müssen. Ferner kann kein Mensch ununterbrochen alle Normerwartungen erfüllen. Von daher gibt es immer Reibungsverluste.

Teamfähigkeit stellt viele Anforderungen an den Menschen: Moderationskompetenz, Methodenwissen, reflektierter Umgang mit der eigenen Autorität, reflektiertes Wechseln von Rollen und Ebenen, Balance zwischen organisatorischer Hilfestellung und gruppendynamischer Aufmerksamkeit, theoretisches Grundwissen über Führung, Gruppendynamik, kommunikationstheoretische Phänomene, betriebswirtschaftliche Zusammenhänge, didaktische und methodische Kompetenzen, Fähigkeiten an der richtigen Stelle einzubringen und anzupassen, ständiges Lernen.

In der Teamentwicklung besteht die vorrangige Kompetenz darin, Störungen zu definieren. Teamarbeit wird effektiver, wenn das Team oder der Gruppenleiter durch einen Coach unterstützt wird. Der Coach bringt die Gruppendynamik auf die Metaebene, so daß Hindernisse rechtzeitig beachtet werden können.

Der Coach hilft, daß das Team zusammenwachsen kann, stärkt die Identifikation mit dem Ziel, weist auf „Rollenverletzungen" hin, zeigt Kommunikationsschwierigkeiten auf, hilft bei der Vorbereitung von Gruppensitzungen und achtet auf die Art der Entscheidungsfindung und -durchführung.

Zuhören

Aktives Zuhören suggeriert dem Rezipienten, zuhören sei wertfrei. Dies ist aber wohl kaum so. Auch der Zuhörer bewertet das, was er hört, und diese Bewertung spürt sein Gegenüber oder nimmt sie sogar deutlich wahr. Kompetentes Zuhören besteht in der Haltung. Der Zuhörer wertet die Aussagen des anderen nicht als falsch oder richtig, sondern als das Bekenntnis der subjektiven Weltsicht des anderen. Diesem Bekenntnis kann er sein eigenes Bekenntnis gegenüberstellen. Der Coach als Zuhörer enthält sich einer Beurteilung oder einer Wertung. Auch wenn er dem Coachee antwortet, ist seine Erwiderung die Äußerung eines eigenen Gefühls oder Gedankens. Der Coach hat gelernt, die Dinge dieser Welt als ein komplexes Ganzes zu sehen. Er hat sich darin geübt, aus dem wertfreien und gelassenen Zuhören eine Dynamik entstehen zu lassen. Diese Haltung entspricht der des Intellektuellen, der aus der Welt seiner Gedanken abgehoben die Welt betrachtet. Er kann sich Aussagen leisten, die praxisfern erscheinen, da es ihm nicht um die Praxis geht. Indem jedoch jemand die Grundlagen des Handelns anfragt, kann überhaupt gehandelt werden. Der Coach ist in diesem Sinne ein Praktiker. Er selbst führt kein Unternehmen, er muß auch keine Organisation führen können. Gerade deshalb kann er frei von Betriebsblindheit Fragen stellen, die für das Handeln förderlich sind.

Der Coach ist damit ein Zuhörer, der das Gespräch so lenkt, daß die Grundlage für Lösungen geschaffen wird, eine konkrete Lösung wird jedoch nicht angestrebt.

Coaching ist eine Form des aktiven Zuhörens. Das Ziel ist nicht eine konkrete Lösung für ein Problem. Coaching schafft die Voraussetzungen, um zu einem konstruktiven und sinnvollen Handeln zu gelangen. Der Coach enthält sich wertender Aussagen, kann jedoch durchaus seine Weltsicht oder Moral als eine Gegenüberstellung formulieren.

Effektivität und Effizienz

Effektivität und Effizienz sind von Ziel- oder Planungsvorgaben abhängig. Diese Vorgaben bilden einen Parameter, an dem das Erreichte gemessen werden kann.

Effektivität bedeutet die Zielwirksamkeit von Maßnahmen und ist damit sehr stark abhängig von der fachlichen Qualifikation.

Effizienz bedeutet Wirtschaftlichkeit einer Maßnahme und bezieht sich auf die Frage, mit welchem Aufwand das angestrebte Ziel erreicht wird. Effizienz bewertet das Management, die Technik des Erreichens. So kann ein fachlich ausgezeichneter Mitarbeiter völlig ineffizient arbeiten, weil er z. B. nur schlechtes Werkzeug zur Verfügung hat. Effektivität und Effizienz stehen allerdings miteinander in Konkurrenz. Die Anschaffung einer neuen Maschine, die die Arbeit effizienter macht, kann zu teuer sein. Es wird zwar die gleiche Effektivität erreicht, aber mit einer geringeren Effizienz. Hier ist es die Aufgabe der Führung, eine Entscheidung zu treffen und diese Entscheidung transparent zu machen. Anderenfalls sinkt nämlich die Effizienz noch weiter, weil Mitarbeiter demotiviert werden. Besonders komplexe Probleme treten auf, wenn die Kundenorientierung hinzukommt, weil dann die Effizienz auch beim Kunden gewünscht ist.

Effektivität, Effizienz und Wirksamkeit sind Themen des Coachings, die zu den grundsätzlichen Themen wie Sinn und Ziel führen.

Der gesunde Menschenverstand

Es stellt sich bei der unübersehbaren Flut an Managementtheorien und den komplexen Zusammenhängen die Frage, ob nicht der gesunde Menschenverstand dem Unternehmer zur Unternehmensführung ausreicht. Häufig werden die Managementtheorien als neu verkauft, obwohl sie alte Konzepte beinhalten. Und kaum eine Branche ist so phantasievoll bei Wortschöpfungen wie die Berater- und Weiterbildungsbranche, ohne klare Abgrenzungen schaffen zu können. Erfolg kann ein Unternehmer auch ohne Studium und Managementseminare haben.

Coaching will die Denkarbeit im Unternehmen belassen und nicht an eine Outsource-Firma, eine Beraterfirma weitergeben. Coaching ist die Aufforderung, im Betrieb zu denken.

Integration

Der Coach versucht, die Angebote und Entwicklungsschritte in Beziehung zu setzen. Wenn ein Teil eingesetzt werden kann, so stört es nicht mehr. Das Ganze hat sich insgesamt verändert und neue Teile werden gesucht und eingesetzt.

Coaching ist integrativ und orientiert sich nicht an einem geschlossenen System.

Integrität

Coaching muß durch absolutes Schweigen den Schutz des Coachees sichern. Der Integritätsgedanke geht noch ein Stück weiter, weil Coaching auch während der Sitzungen durch die Möglichkeit, etwas abzulehnen, den Schutzraum für den anderen sichert. Scham tritt in jeder Situation auf, in der nach Hilfe gesucht wird. Beim Coaching ist diese Hilfe verbunden mit persönlichen Dingen. Schutzmechanismen oder Rationalisierungen wie z. B. im EDV-Bereich sind unmöglich.

„Persönliche Integrität ist Basis der Akzeptanz, sie wirkt als Orientierung für andere Menschen und bildet die Wurzel der Überzeugungskraft." (Bayer S. 130)

Wenn Bayer schreibt, daß ein Coach sich selbst unternehmerisch bewähren muß, so wird die Gefahr deutlich, daß der Coach sich als der bessere Unternehmer sieht. Coaching und das Führen eines Unternehmens sind zwei verschiedene Dinge. Die Kompetenz bzw. Integrität eines Coachs zeigt sich nicht in der Fähigkeit, ein Unternehmen führen zu können, er berät lediglich. Die Überschreitung der Kompetenzen ist eine große Gefahr im Beratergeschäft. Dies zeigt sich auch in den Formulierungen mancher Unternehmensberater. Einer der bekanntesten deutschen Unternehmensberater sprach in einer Fernsehsendung davon, daß wir das Unternehmen nach vorne gebracht haben. Er hat beraten, die Ausführenden waren andere.

Integrität beweist sich gerade darin, daß ein Coach sich und anderen eingesteht, daß es nicht seine Aufgabe ist, ein Unternehmen zu führen. Die notwendige Authentizität ist gewährleistet, wenn der Coach Schwächen, Fehler eingestehen kann, wenn er sich als Person so verhält, wie er es in seiner Rolle als Coach vorgibt.

Methoden

Aus den bisherigen Ausführungen läßt sich erkennen, daß der hier bevorzugte Ansatz von Coaching kein neues Repertoire von Techniken und Methoden liefert. Im Vordergrund steht vielmehr, daß die unmittelbare Beziehung zwischen Coach und Coachee als der eigentliche Prozeß verstanden wird. Eine technische Vorgehensweise würde vom Coach verlangen, daß er sich distanziert und zumindest für kurze Zeit der Beziehung entzieht.

Die Art und Weise, wie sich ein Coach verhält, ist abhängig von seiner Persönlichkeit und seinem Stil, nicht von den Techniken, die er beherrscht. Ob sein Instrumentarium als Technik bezeichnet werden sollte, ist eine müßige Frage. Die humanistische Psychologie weist darauf hin, daß Techniken oder Methoden den Kontakt verhindern, da eine Sache zwischen zwei Menschen geschoben wird. Techniken sind immer auch Manipulationen, sie eignen sich, wenn das Ziel bereits eindeutig bestimmt ist. Sobald allerdings Persönlichkeitsentfaltung im Vordergrund steht, sind Ziele erst das Ergebnis. Die Aufgabe des Coachs ist es, bei der Definition der Ziele Unterstützung zu leisten. Wie bei der Geburtshilfe die Aufgabe der Hebamme darin liegt, die natürlichen Impulse zu unterstützen, so vertraut der Coach auch den Selbstregulierungskräften, die er durch Techniken und Methoden stören und verhindern würde.

Für das Coaching lassen sich einige Postulate anführen, die nicht als Methoden zu verstehen sind, sondern als Richtlinien des Handelns, um die „natürlichen" Impulse zu unterstützen:

1. Im Gegensatz zu einem Training vermittelt der Coach keine Fähigkeiten oder Fertigkeiten. Der Coach steht als Dialogpartner zur Verfügung. Er unterstützt den Coachee beim Hervorbringen dessen, was noch nicht sichtbar oder greifbar ist. Der Coachee erlebt die Ergebnisse daher nicht als etwas Fremdes, sondern als seine eigenen Ergebnisse.

2. Alle Phänomene werden ohne Bewertung betrachtet, dem Coachee wird ein „instinkthaftes" Wissen zugestanden, womit er ans Ziel kommen wird.

3. Die wichtigste Aufgabe des Coachs ist es, eine möglichst genaue Beschreibung der Situation zu initiieren.

4. Der Coach richtet die Aufmerksamkeit auf die Bedeutung oder Funktion bestimmter Symptome für das System.

5. Zum besseren Verständnis transzendiert der Coach die Zusammenhänge zu einem Bild, einem Symbol oder einer Geschichte. Das Bildhafte ist in der Deutungsbreite offener als eine theoretische Aussage über Fakten und schreibt keine Deutung vor.

6. Der Coach achtet darauf, daß die Figur-Hintergrund-Konfiguration beachtet wird. Das bedeutet, daß er die Fragen beantworten muß, was im Vordergrund steht und was die Folge davon ist.

Coaching benutzt keine Techniken oder Methoden im herkömmlichen Sinn, sondern versteht sich als unterstützende Begleitung auf Zeit. Natürliche, instinkthafte oder auch zunächst seltsam erscheinende Wege werden als die zum Coachee passende und richtige Form der Entwicklung gefördert.

Der ökosystemische Ansatz

Der hier vorgestellte Ansatz von Coaching findet seinen Ursprung in der Tradition der systemischen Theorien. Die Bezugnahme auf Einzelpersonen wird dem komplexen Geschehen in einem Unternehmen nicht gerecht. Die meisten wissenschaftlichen oder therapeutischen Ansätze sind noch immer mit einer Newtonschen Weltsicht verbunden, die Vorgänge linear zu erklären versucht. Eine aktuelle Situation in einem Betrieb wird herkömmlich an einzelnen Personen festgemacht, oder es werden Beweise gesucht, die einfachen Ursachenbeschreibungen dienen. Es entspricht der Alltagswirklichkeit eines Managers eher, wenn er beispielsweise Absatzschwierigkeiten an einem konkreten Problem festmachen kann. Es ist wesentlich schwieriger, das einzelne Problem zum Anlaß zu nehmen, der Sache auf den Grund zu gehen. So wird z. B. ein Coach beauftragt, weil ein bestimmter Mitarbeiter unhöflich zu den Kunden ist. Beginnt der Coach mit diesem Mitarbeiter das Coaching, stellt sich heraus, daß er wirklich unhöflich zu den Kunden ist, daß aber ferner seine Arbeitsbelastung sehr hoch ist, der Vorgesetzte die Mitarbeiter kontrolliert und die Mitarbeiter das Gefühl haben, daß hinter einem Bild Wanzen angebracht sind. Der Coach steht nun vor dem Dilemma, die Situation klären zu müssen und gleichzeitig deutlich zu machen, daß das gesamte System an diesen Schwierigkeiten beteiligt ist.

Ist der Coach linear-kausal orientiert, wird er bemüht sein, das Verhalten des einzelnen Mitarbeiters zu verändern. Dabei geht er die Gefahr ein, daß dieser Mitarbeiter nur ein Symptom war und nun an einer anderen Stelle Probleme auftreten werden.

Der hier vorgestellte Ansatz von Coaching versteht die Arbeit mit dem einzelnen Mitarbeiter/Manager immer bezogen auf das ganze System der Organisation. Der Coach hat eine sehr komplexe Aufgabe zu lösen und kann seinen Erfolg nicht so definieren, wie es den allgemeinen Erwartungen entspräche. Vielleicht wird die Veränderung gar nicht bei dem Manager sichtbar, sondern beim Pförtner, der vom Manager morgens nach seinem Wohlbefinden angesprochen wird. Dieser ist wiederum zu den Mitarbeitern der Reinigungsfirma freundlicher, die deshalb besonders sorgfältig arbeiten. Weil die Toilette nun jeden Tag sauber ist, kann Herr X seinen Toilettengang ruhiger angehen. Herr X ist entspannter und verhält sich seiner Sekretärin gegenüber freundlicher. Diese wiederum hat mit ihrer Kollegin mehr Muße für ein Gespräch und so fließen bestimmte Informationen leichter von A nach B, wodurch die Wartezeit für einen Kunden kürzer geworden ist, da die Sekretärin nicht rückfragen muß. Jener Kunde seinerseits erzählt einem Freund, wie schnell man ihn bei der Firma Y bedient hat. Und dieser Freund wird aufgrund dieser Empfehlung ein neuer Kunde.

Der hier aufgezeigte Weg läßt sich in der Realität kaum nachvollziehen. Ebensowenig läßt sich eindeutig aufzeigen, was sich durchs Coaching geändert hat.

Beim systemischen Ansatz geht es darum, ob in dem Bewußtsein des Coachees die Gewißheit entstehen kann, daß Kleinigkeiten ein ganzes System verändern können. Es muß die Bereitschaft bestehen, auch wenn ein direkter Erfolg nicht sichtbar ist, trotzdem weiterzumachen. Dazu bedarf es einer Offenheit für die Wirksamkeit scheinbarer Nebensächlichkeiten. Die zirkuläre Sichtweise, bei der Prozesse an jedem Punkt des Kreises beeinflußbar sind, und nicht wie gewohnt nur an einer Soll-Ist-Veränderung oder Strategie festgemacht werden, ist wichtig für diesen Ansatz.

Nach dem Coaching hat der Coachee ein subjektiv empfundenes besseres Wahrnehmungsempfinden für die Verhältnisse und die Atmosphäre. Coaching schult damit die Wahrnehmung und greift in das Gleichgewicht eines Systems ein.

Ein ökosystemischer Ansatz betrachtet die Situation als Gegenstand der Behandlung, gibt niemandem die Schuld, stärkt das Individuum, stört die psychische Ökologie im System, bedient sich erzählender Darstellungen sowie der Vorstellungen des Klienten.

Diese Betrachtungsweise von Coaching ist zirkulär. Alles ist relativ und alles ist möglich, es gibt keinen festen Bezugspunkt. Coaching will blinde Flecken aufklären, und dabei ist es unausweichlich, daß wieder neue blinde Flecken entstehen.

Erkennen ist effektives Handeln, zu erkennen, wie man erkennt, verpflichtet zur ständigen Wachsamkeit und führt nicht zur Gewißheit. Bezugspunkt dieser Ethik ist das Bewußtsein der biologischen und sozialen Struktur des Menschen.

Weiterhin wird davon ausgegangen, daß das Wesen der Störung nicht erforschbar ist, das störende Verhalten läßt sich nicht isolieren. „Der systemtheoretische Ansatz leugnet die Gültigkeit aller Versuche, ein einzelnes Phänomen für sich und sozusagen ‚vergegenständlicht‘ zu erklären" (Selvini-Palazolli S. 52).

Ein System wird aufrecht erhalten durch Interaktion, Rückkopplung und Kreisförmigkeit. Letztlich geht es dabei um das Aufdecken und das konstruktive Umgehen mit dysfunktionalen Kommunikationsmustern.

Es geht darum, die wirksamen Regeln des Systems zu erkennen. Daraus folgt, daß das Feld der Beobachtung vergrößert wird. Das System ist gekennzeichnet durch Ganzheit und Selbststeuerung.

Zwei Tendenzen kennzeichnen das System: Die Tendenz zur Beständigkeit und die Tendenz zur Transformation. Das Gleichgewicht dieser beiden Tendenzen führt zu Flexibilität und Sicherheit. Dabei wird die Veränderung erster Ordnung von der Veränderung zweiter Ordnung unterschieden. Dazu eine Geschichte: „Ich möchte schwimmen lernen." „Möchten Sie einen Vertrag aushandeln?" „Das ist nicht nötig. Ich muß nur meinen Sack Kohlköpfe mitnehmen können." „Was für Kohlköpfe?" „Na, das Essen, das ich auf der anderen Seite brauchen werde." „Dort gibt es besseres Essen." „Wie soll ich das verstehen? Ich kann doch nicht sicher sein. Nein, meine Kohlköpfe muß ich mitnehmen." „Aber mit einem Sack Kohlköpfe können Sie nun mal nicht schwimmen!" „Dann kann ich auch nicht mitkommen. Sie nennen es eine Last, ich nenne es meine lebenswichtige Nahrung." „Ich gehe mit meinen Kohlköpfen lieber zu einem Lehrer, der versteht, was ich brauche." (aus Maturana I, S. 270)

Die Änderung erster Art ist hier der Versuch, eine Änderung herbeizuführen, die das Schwimmenlernen verhindert. Dieser Mensch wird immer irgendwelche plausiblen Gründe finden, durch die es ihm unmöglich ist, schwimmen zu lernen. Eine Änderung zweiter Ordnung wäre es, die Kohlköpfe zur Seite zu legen und ins Wasser zu steigen. Für den Coach ist dies eine sehr schwierige Aufgabe, denn er darf dem Coachee nicht die Kohlköpfe wegnehmen und muß ihn gleichzeitig das Schwimmen lehren.

Die dargestellte ökosystemische Sicht geht über eine einfache systemische Sicht hinaus, weil die ökosystemische Theorie den einzelnen Menschen nicht nur als passives

Element in einem System sieht. Vielmehr wird davon ausgegangen, daß der einzelne die Möglichkeit hat, die Wechselwirkung zwischen ihm und dem System aktiv zu steuern.

Coaching geschieht in einer Organisation, und der Blickwinkel ist das System der Kommunikation in dieser Organisation. Veränderungen geschehen dadurch, daß die Mechanismen des Systems genutzt und gleichzeitig transformiert werden, um paradoxe Situationen auflösen zu können. Die ökosystemische Sicht ist sowohl auf den einzelnen als auch auf das System gerichtet. Die Dynamik zwischen System und Person wird als das „Arbeitsfeld" von Coaching angesehen.

Lernende Organisation

Die Regeln einer Organisation bestimmen die Möglichkeiten, die Flexibilität und die Kultur eines Unternehmens. Gemeint sind informelle, formelle, faktisch geltende und normativ postulierte Regeln, ferner die Ausnahmen und Sanktionen bei Verletzung von Regeln, die Regeln höherer Ordnung sowie die Regeln über die Produktion von Regeln. Zu diesem Regelwerk können auch die Ideen über die Identität und die Vision der Organisation gezählt werden.

Jeder Veränderungsprozeß betrifft diese Regeln. Einige Veränderungen bedürfen sicherlich keiner Regeländerung, doch die meisten Änderungsprozesse scheitern daran, daß die Regeln nicht beachtet und nicht verändert werden.

Als Beispiel kann der Konflikt von Familie und Beruf dienen, um diese Zusammenhänge zu verdeutlichen. Wenn Freiwilligkeit, Einsatzbereitschaft und Überstunden als unausgesprochene oder offen genannte Regel in einem Unternehmen selbstverständlich sind, dann werden Mitarbeiter, die Familie haben, sich entweder für die Familie oder für den Beruf entscheiden. Karriere unter Berücksichtigung familiärer Anforderungen ist nicht möglich, weil aufgrund der hohen Erwartung in bezug auf die Einsatzbereitschaft die Familie zurückgestellt wird.

Man gewinnt auf diese Art und Weise Mitarbeiter, die ein großes Engagement beweisen, die ihre Kraft fürs Unternehmen einsetzen und z.T. das Unternehmen als Familienersatz pflegen. Es wird ein Gegensatz zwischen Familie und Beruf geschaffen. Im systemischen Denken bedeutet dies, daß Strukturen implementiert werden, die den Mitarbeiter familienlos machen, da die Regeln gegen Familie sind.

Auf diese Weise gehen Mitarbeiter bzw. das Potential der Mitarbeiter verloren, die die Familie für sich als Wert ansehen. Diese Mitarbeiter reduzieren den Beruf zum Job. Die Einsatzbereitschaft dieser Mitarbeiter ist beschränkt. Es gehen aber auch die Erfahrungen verloren, die ein Familienvater, eine Mutter, ein Ehemann, eine Ehefrau erworben haben und die für ein Unternehmen nutzbar gemacht werden könnten.

Ganz nebenbei werden auf der anderen Seite die familiären Probleme in den Betrieb hineingetragen, weil z. B. der Vater sich nicht um seine Kinder kümmern kann, da er soviel arbeitet. Es entsteht ein Teufelskreis: Der Familienvater sieht sich gezwungen, Überstunden zu machen, da er an seinen Arbeitsplatz und seine Karriere denken muß. Er entfremdet sich von seiner Familie, findet keinen Zugang mehr und arbeitet, um sich der privaten Problematik zu entziehen noch mehr, da er im Betrieb jetzt mehr Entfaltungsmöglichkeiten sieht und erfährt. Seine Ehe scheitert möglicherweise, und er steigert sich noch mehr in seine Arbeit hinein. Er trägt seine Probleme indirekt in den Betrieb, projiziert auf Mitarbeiterinnen das, was er mit seiner Frau eigentlich problematisieren müßte.

Die Lösung dieses Problems liegt in einer „lean organization", d. h. die notwendigen effektiven und effizienten Anforderungen der Organisation werden mit den Bedürfnissen der Mitglieder weitgehend in eine wechselseitig produktive Balance gebracht.

Coaching ist als ein Teil lernender Organisationen zu sehen. Im Coaching wird ein Lernprozeß in Gang gesetzt, der sich vom bisherigen Lernverständnis unterscheidet und damit die Voraussetzung bietet, um eine Organisation bei den fortwährenden Veränderungen unterstützen zu können.

Methodische Postulate

Konzepte und Kompetenzen für das Coaching unterscheiden sich deutlich von den Erfordernissen bei einem Training. Der Trainer zeichnet sich durch ein methodisch-didaktisches Know-how, durch strukturierte Lernzielvorgaben und Teilnehmermotivierung aus, der Coach hingegen:

● vermittelt keine Fähigkeiten und Fertigkeiten, sondern versteht sich als Dialogpartner.

● betrachtet alle Phänomene, ohne ein bestimmtes in der Beschreibung zu bevorzugen.

● erstellt die genaue Beschreibung der beobachteten Phänomene.

● versucht eine vorsichtige Beschreibung der gegenwärtigen Bedingungen, in denen die Reaktion erscheint.

● versucht, Antworten des Organismus auf bestimmte Fragen zu geben, wie:

Welche Bedeutung und Funktion hat ein Symptom für den Organismus, für die Erhaltung, für die möglichst optimale Verwirklichung des individuellen Wesens der Person?

● versucht, beim Transzendieren empirischer Fakten durch ein Bild, durch ein Symptom zu helfen. Deshalb muß er auch von außen kommen. Figur und Hintergrund sind eng miteinander verbunden.

Coaching will aufzeigen, wie die Erfahrungen eines Menschen intern organisiert werden, und zwar im Dienst der Aufrechterhaltung seiner Identität (Autonomie) und Individualität im Verbundensein mit anderen Menschen und der Welt.

Planungen

Planungen haben einen hohen Stellenwert bei Managern. Diese Vorliebe ist mit der Vorstellung verbunden, daß es möglich wäre, aus einer Analyse der Ist-Soll-Situation eine bestimmte Zukunftssituation bewirken zu können. Dabei können die Eventualitäten allerdings nur soweit eingeschlossen werden, daß ein logisches Handeln noch möglich ist. Alle möglichen Bedingungen können nicht erfaßt werden, und aufgrund der Komplexität ist ein klares Vorgehen gar nicht abzuleiten. Zudem kann das, was gemeinhin Zufall genannt wird, nicht in die Planung einbezogen werden.

Eine perfekte Planungsvollkommenheit würde sich positiv auswirken, weil sie Raum für spontane Entwicklungen bieten würde. Planungsvollkommenheit kann es allerdings nur theoretisch geben. Daher muß die Priorität darauf gelegt werden, auf neue Erkenntnisse und Entwicklungen spontan reagieren zu können. Das spart Zeit für langwierige Analysen und Planungssitzungen. Gegenkonzepte führen meist nicht zum Erfolg.

Für Coaching bedeutet dies, daß die Aufmerksamkeit nicht in der Planung liegt, sondern in der Bereitschaft, spontan auf Ereignisse eingehen zu können. Der Coach bemüht sich, den Coachee so weit zu begleiten, daß er in der Lage ist, aus den gesammelten Erfahrungen Konsequenzen zu ziehen. Es ist die Aufgabe des Coachs, das Coaching dann zu beenden, wenn beide, Coach und Coachee, das Gefühl haben, die Probleme konkretisiert und erste Lösungsschritte angegangen zu haben. Coaching ist im Grunde genommen nie abgeschlossen, man einigt sich lediglich darauf, die Sitzungen nun zu beenden.

Coaching unterscheidet sich von anderen Beratungsformen dadurch, daß es spontan und ungeplant ist. Der Coach folgt dem, was gerade vordergründig ist. Diese Vorgehensweise ist ungewohnt und keineswegs als Beispiel für die unternehmerische Praxis gedacht. Coaching ist damit ein dialektisches Geschehen. Es baut eine Spannung zum unternehmerischen Alltag auf, um durch diese Spannung die Wirklichkeit eines Unternehmens besser bewältigen zu können. Der Coach macht dem Coachee diese dialektische Ambivalenz deutlich, um keine unnötigen Diskussionen über die ungeplante Form des Coachings führen zu müssen.

Fazit

1. Ein wesentliches Element von Coaching ist der häufige Rückblick. An den entscheidenden Stellen des Prozesses findet ein Rückblick statt, um aus der Vergangenheit heraus die Zukunft konstruktiv gestalten zu können und in der Gegenwart zufrieden zu sein.

2. Die besondere Kunst des Coachs besteht darin, einzelne Erkenntnisse und Erfahrungen wieder sinnvoll zur Integration zu bringen.

3. Coaching favorisiert eine ökosystemische Sicht, d. h., ein Verursacher- oder Schuldprinzip wird als eher hinderlich betrachtet. Erklärungen sind zirkulär, und der Coach wirkt monolinearen oder -kausalen Begründungen entgegen.

Literaturhinweise

Bateson, Gregory (1996), Ökologie des Geistes. Anthropologische, psychologische,
   biologische und epistemologische Perspektiven,
   6. Aufl., Frankfurt am Main, suhrkamp.
   Das Buch ist ein Grundlagenwerk der ökosystemischen Theorie.

Breitenstein, Rolf (1987), Märchen für Manager,
   2. Aufl., München, Wirtschaftsverlag Langen-Müller/Herbig.
   Ein überaus amüsantes Buch. Einige Märchen sind für Manager umgeschrieben und
   kurz und bündig erläutert. Das Buch ist für jeden Manager geeignet, der zwischen-
   durch mal etwas lesen möchte.

Maturana, Humberto R., Varela, Francisco J.(1987), Der Baum der Erkenntnis. Wie
   wir die Welt durch unsere Wahrnehmung erschaffen – die biologischen Wurzeln
   des menschlichen Erkennens,
   Bern München Wien, Scherz.
   Auch dies ist ein Standardwerk der systemischen Theorie. Es ist anschaulich geschrie-
   ben.

10. Sitzung: Abschluß des Coachingprozesses

Dialog zwischen Coach C und Coachee X

X: Wissen Sie, ich habe in den Sitzungen nichts Konkretes gelernt. Doch eines ist mir mittlerweile klar, ich bin verwundbar geworden, und das macht mich sehr zuversichtlich darin, daß ich meine Aufgaben hier im Unternehmen gut regeln werde. Bisher habe ich Stärke und Kompetenz gesucht, jetzt weiß ich, wie sehr die innere Gewißheit notwendig ist, um in den Stürmen das Schiff lenken zu können. Mir fällt dabei Odysseus ein, der sich seiner Verwundbarkeit bewußt war, sich Wachs in die Ohren tat und anketten ließ, um den Sirenen nicht zu erliegen. Das ist das eigentliche Heldentum. Selbstbewußtsein bedeutet, die eigenen Schwächen und Ängste in die Handlung mit einzubeziehen.

C: Sehr schön gesagt.

X: Ich danke Ihnen für die Zeit. Sie sind mir sehr vertraut geworden.

C: Das freut mich.

X: Ich denke, daß ich verstanden habe, was Sie mit Veränderung meinen. Ihre Art, an Märchen heranzugehen, war dabei sehr wichtig.

C: Fällt Ihnen ein Märchen ein?

X: Mir geistert das Märchen „Hänsel und Gretel" seit der letzten Stunde im Kopf herum.

C: Wir wollten heute ja einmal konkret ein Märchen durchgehen. Fangen Sie mal an zu erzählen ...

X: Die Eltern sind, so glaube ich, arm und wollen ihre Kinder loswerden. Und ich muß einige Mitarbeiter entlassen, um Kosten zu sparen.

C: Und?

X: Es ist mir nicht angenehm.

C: Wie dem Vater im Märchen.

X: Stimmt, die Stiefmutter überredet den Vater, die Kinder im Wald zu lassen.

C: Die Stiefmutter setzt sich allerdings durch.

X: Mein Prokurist auch. Verflixt, das Märchen hat ja viele Ähnlichkeiten mit meiner Situation.

C: Welche noch?

X: Ich versuche Möglichkeiten zu finden, die betroffenen Mitarbeiter mit einer hohen Abfindung zu ködern, wie die Hexe mit ihrem Knusperhäuschen. Aber ich muß immer mehr nachlegen, was mir dann ebenso die Bilanzen verschlechtern würde. Die Hexe kommt in den Ofen.

C: Schlechte Aussichten für Sie.

X: Fürwahr, doch das muß ich auf mich nehmen. Aber die Kinder gehen zurück zu ihrem Vater. Was könnte das für mich bedeuten?

C: Sie gehen dorthin zurück, wo Sie sich von Ihren negativen inneren Bildern gelöst haben.

X: Sie meinen, daß die Kündigung dieser Mitarbeiter als solche gar nicht das Problem darstellt.

C: Ganz so nicht.

X: In jedem Fall müssen die Mitarbeiter über die Betriebsverhältnisse informiert werden und Privilegien abgeben. Sie werden zunächst sicher empört reagieren und damit drohen, ein besseres Angebot in einem anderen Unternehmen anzunehmen.

C: Gehen Sie in Ihren Überlegungen mal weiter.

X: Wie bei Hänsel und Gretel muß ich diese Mitarbeiter in ein Chaos schicken. Ich kann ja mit ihnen überlegen, was zu machen ist.

C: Aber keine Kooperation einfordern...

X: ..., sondern bei meinen Absichten bleiben. Die anderen müssen erst Lernschritte machen, und dabei bekomme ich sicherlich eine ganze Menge Aggressionen ab. Aber diese Mitarbeiter werden vielleicht wie Hänsel und Gretel mit Gold zurückkommen.

Anders gesagt, diese Mitarbeiter sind möglicherweise genau die, die gewinnbringende Innovationen erzeugen.

C: Wie gefällt Ihnen diese Art der Märchenarbeit?

X: Gar nicht schlecht. Mir scheint, diese Technik ist eine gute Möglichkeit, mich selbst zu coachen.

C: Ja natürlich, Sie können sich bis zu einem gewissen Punkt selbst coachen.

X: Bis zu welchem Punkt?

C: Die Schwierigkeiten tauchen dort auf, wo ich systemisch betrachtet innerhalb des Systems gar nicht die Chance habe, mich am eigenen Schopf aus dem Sumpf zu ziehen.

X: Sie meinen, daß immer jemand von außen notwendig ist?

C: Nicht immer.

X: Jetzt verstehe ich nicht so ganz. Ich brauche jemanden von außen und anderseits kann ich mich selbst coachen?

C: Ja.

X: Das bedeutet, daß diese Arbeit mit Ihnen mich fähig macht, zu erkennen, wann genau ich jemanden von außen brauche?

C: Genau.

X: Damit hätte ich ja erst gecoacht werden müssen, um zu wissen, daß ich Sie brauche.

C: Es ist paradox, da haben Sie vollkommen recht.

X: Ich brauche Coaching, um zu wissen, wann ich Coaching brauche.

Trotz alledem. Ich weiß nun besser, wann ich diese Form der Hilfe brauche und habe meine Neigungen zur Selbsttäuschung in bestimmten Bereichen erkannt. Und ich habe die Märchenarbeit kennengelernt, die mich davor schützt, daß ich die Dinge zu schnell und nach einem einfachen Schema analysiere.

C: Ja.

X: Ich muß gestehen, daß zwischen uns eine gute Beziehung entstanden ist. Wenn mir am Anfang das Ganze unheimlich war, so muß ich jetzt sagen, daß ich mich mit Ihnen wohl fühle, sehr angenehm.

C: Mir geht es ebenso.

X: Ich bin zufrieden. Und ich glaube, wenn ich nun Veränderungen im Unternehmen angehe, dann wird das etwas. Schade, daß wir heute die letzte Sitzung haben, ich habe mich schon richtig daran gewöhnt, mit Ihnen zu reden. Sie sind mir sehr vertraut geworden. Ich merke jetzt sehr deutlich, wie wichtig es ist, persönliche Freunde zu haben. Und ich habe gemerkt, wie wichtig meine eigene Zufriedenheit ist. Dazu gehören eben auch Freunde. Die sog. Geschäftsfreunde sind nicht die Menschen, mit denen ich mich auf einer ganz persönlichen Ebene austauschen kann.

C: Das wäre geschäftlich auch nicht sehr ratsam.

X: Da haben Sie wohl recht. Man ist allerdings geneigt, mit Geschäftspartnern wie auch mit Mitarbeitern über persönliche Dinge zu reden, wenn man keine Freunde hat und sonst seelisch verarmen würde.

C: Ebenso ist es zwischen uns, nur daß hier die zeitliche Begrenzung die Art unserer Freundschaft bestimmt.

X: Sie meinen, daß Sie auch nicht einen Freund ersetzen können.

C: Ja.

X: Trotzdem habe ich unsere Gespräche als angenehm empfunden und Sie wie einen guten Freund erlebt.

C: Die zeitliche Begrenzung ist auch ein Schutz für uns beide.

X: Das ist ein guter Abschluß.

C: Das meine ich auch.

X: Es ist komisch, die Zeit ist vorbei. Ich möchte mich bei Ihnen bedanken.

C: Ich bringe Sie noch zur Tür.

Theorie

Der zehnte Schritt ist sowohl das Ende als auch der Beginn des Coachings. Der Coachee ist nun in der Lage, sich selbst zu coachen, und er weiß, wann er professionelle Hilfe benötigt. Der Coach problematisiert die Schwierigkeit des Abschieds, die entstandene Nähe wird nun aufgegeben. Der Coach macht deutlich, daß er keine Beziehung eingehen wird, die über das Coaching hinausgeht. Dies bedeutet nicht, daß es nach einiger Zeit nicht auch eine freundschaftliche Beziehung geben kann, doch sollte dies dann anders als durch das Coaching begründet sein. Diese Gefühle lösen auch Gedanken zu den Themen aus, die etwas mit Gemeinschaft zu tun haben. Es wird verständlich, daß es zwischen Beruf und Familie immer auch Wechselwirkungen gibt. Ein Problem im Beruf wirkt sich auf die Familie aus und umgekehrt.

Ebenso werden die Auswirkungen deutlich, die normalerweise nicht mitbedacht werden. Kleinigkeiten beeinflussen das Gefüge eines Betriebes und einer Gruppe.

Das Ergebnis des Coachings ist, daß der Coachee sensibler und gelassener geworden ist. Gleichzeitig wird aber auch deutlich, daß sowohl Coach als auch Coachee diesen Prozeß gegangen sind, und so erläutert nun auch der Coach, was sich bei ihm durch diese gemeinsame Arbeit entwickelt hat. Damit stellt sich der Coach nicht als unberührbarer Profi dar, sondern als jemand, der seine Arbeit als ein ständiges Weiterentwickeln begreift.

Es könnte der Eindruck entstehen, daß die zehnte Sitzung eigentlich überflüssig ist. Alles ist gesagt, und ein weiteres Gespräch mag wie erzwungen wirken. Dennoch ist der zehnte Schritt ganz wesentlich. Viele Beratungen und Teamentwicklungen gehen oft nur bis zum Aufbrechen alter Strukturen und geben dann nicht genügend Raum für eine vielleicht eher besinnliche Rückschau. In der Genesis der Bibel heißt es, Jahwe habe am siebten Tag geruht und sah, daß alles gut war. Dieser Rückblick in Muße gibt dem Ganzen erst einen entsprechenden Wert. Ansonsten würde Coa-

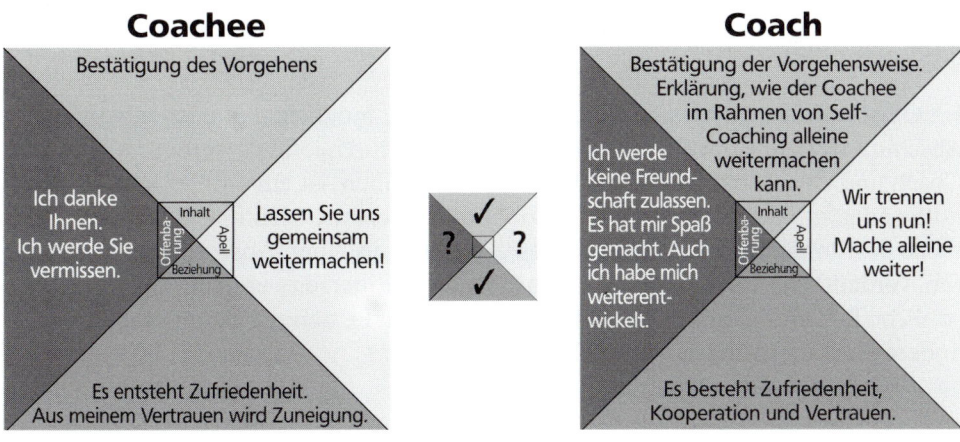

ching abgehakt und der Coachee hätte für sich nicht das Gefühl ausgekostet, daß die neun Sitzungen auch gut waren. Coach und Coachee genießen dabei ihr Werk. Denkbar wäre es daher auch, dem Coachingabschluß einen entsprechenden Rahmen zu geben. Die Atmosphäre ist in jedem Fall keine Arbeitsatmosphäre, sie hat eher etwas Feierliches.

Wie jeder Abschied schmerzt auch dieser. Doch wenn der Coach begründet, warum eine enge Beziehung, womöglich Freundschaft, nicht möglich bzw. sinnvoll ist, entstehen zumeist keine Probleme. Das Verständnis führt in der Regel zu einem schönen und sehr konstruktiven Abschluß. Wichtig ist hier ein Deutlichmachen des richtigen Vorgehens und der eingetretenen persönlichen Weiterentwicklung, da es den Erfolg unterstreicht. Diese Persönlichkeitsentwicklung führt beim Coachee zu einem Selbstbewußtsein, das ein Weiterverfolgen der Veränderungen seitens des Coachee selbstverständlich werden läßt. Diese Gewißheit um die Zukunft ermöglicht einen schönen Abschluß.

Abschied

In unserem Beispiel endet das Coaching nach der zehnten Sitzung. In manchen Ausnahmen können es auch mehr Termine werden. In dieser Zeit ist eine persönliche Bindung entstanden, die mehr als eine rein geschäftliche Beziehung darstellt. Der Coach hat dieses Ende immer mit im Blick, denn die Dynamik des Prozesses ergibt sich auch aus der vorgegebenen zeitlichen Struktur. Besonders wichtig ist es, daß Coach und Coachee ihre gemeinsame Arbeit nicht beenden, bevor beide das Gefühl haben, daß die Sache rund geworden ist. Die entstandene emotionale Bindung kann es z. B. schwermachen aufzuhören. Irgendeinen Grund findet man, um die Notwendigkeit für weitere Coachingsitzungen zu haben. Anderseits kann es sein, daß die Schwierigkeit des Abschieds durch ein rein geschäftsmäßiges Verhalten umgangen wird. Der Coach hat darauf zu achten, daß frühzeitig das Ende des Coachings mitbedacht wird. Es kommt darauf an, daß eine Sache wirklich durchgekaut wird und keine Brocken verschluckt werden. Anderseits kann es sein, daß nach weniger als zehn Sitzungen alles gesagt ist und durch ein Weitermachen das Erarbeitete verwässert würde.

Im Gegensatz zur Psychotherapie ist es allerdings möglich, daß nach einem ersten Abschluß weitere Coachingsitzungen bei Bedarf durchgeführt werden. Auch wenn Coach und Coachee unverbindlich in Kontakt bleiben, ist ein eindeutiger Abschluß notwendig, um die professionelle Beziehung zwischen Coach und Coachee eindeutig zu bestimmen. Die Beendigung des Coachings als einen Abschied zu thematisieren, verdeutlicht die Ambivalenz von Coaching. Einerseits entsteht eine enge persönliche Beziehung und anderseits gelten für diese Beziehung Bedingungen wie für andere Dienstleistungen auch.

Die Beendigung des Coachings wird als ein Neuanfang begriffen; von daher muß es auch einen Abschluß geben. Aus dem Coaching soll ein Selfcoaching werden.

Die Beendigung des Coachings ist ein notwendiger Bestandteil der Hinführung zum Selfcoaching. Die Thematisierung des Abschieds dient dem Verständnis einer tiefen persönlichen Beziehung, die gleichzeitig professionell ist.

Selfcoaching

Wer einen Coachingprozeß durchlaufen hat, ist in der Lage, bis zu einem gewissen Punkt sich selbst zu coachen, d. h. er ist sich gewiß, wann er professionelle Hilfe braucht und wann er alleine weiterkommt.

Schon mit der Definition von Matthias Horx wurde die Selbstorganisation als ein wesentlicher Aspekt von Coaching benannt. Der Begriff Selfcoaching macht deutlich, daß die Selbstorganisation nicht statisch verstanden werden kann. Der Coachee lernt vielmehr, sich immer wieder neu einer Situation entsprechend zu organisieren. Durch die Arbeit mit dem Coach wird der Coachee in die Lage versetzt, diesen Prozeß auch ohne Hilfe von außen vollziehen zu können. Der Coachee kann dies am besten, wenn er seine Begrenzungen kennt, d. h. er weiß sehr genau, wann er den Coach erneut anfragen muß. Innerhalb dieser Grenzen kann er sich jedoch sicher bewegen.

Coaching befähigt den Coachee sich selbst in bewußten und klar definierten Grenzen stets neu den Situationen entsprechend zu organisieren.

Familie

Die Familie ist das System, welches sowohl als Beispiel für Struktur und Dynamik des Geschehens in einer Organisation dienen kann. Familie ist aber auch gleichzeitig der Ort, wo die Auswirkungen eines geänderten Verhaltens sehr deutlich spürbar sind. Von daher gibt es immer Rückwirkungen auf die Familie, wenn sich jemand coachen läßt.

In einer Untersuchung von Tucker wurde nachgewiesen, daß Schüler ihre häuslichen Verhaltensweisen auf das Leben in der Schulklasse übertragen. Ebenso verhalten sich die Lehrer ähnlich wie die Eltern. Wenn dies für die Schule gilt, dann ist es nicht abwegig, dies auch für andere Institutionen anzunehmen. In der Familie erlernt der Mensch grundlegende Verhaltensmuster und Einstellungen. Es wäre daher gegen jede Logik, wenn man annähme, daß es keine Zusammenhänge zwischen Familie und Schule sowie zwischen Familie und Beruf gäbe.

Coaching begibt sich in diese Zusammenhänge hinein. Auf der einen Seite gilt es daher zu bedenken, in welche Schwierigkeiten jemand kommen kann, wenn er verändert in die Familie hineinkommt. Plötzlich stört der Vater, weil er sich mehr um die Kinder kümmert. Auf der anderen Seite ist die Familie Stütze und Hilfe.

Damit hat Coaching ein sehr komplexes Anliegen. Möglicherweise, je nach Situation, könnte es sinnvoll sein, die Familie des Coachees mit einzubeziehen. In jedem Fall aber sollte der Coach die Familie des Coachees thematisieren und in die Gespräche integrieren. Dies allerdings in dem Rahmen und in dem Maße, wie der Coach einzuschätzen vermag, ob der Einfluß von der Familie oder in die Familie ausschlaggebend ist. Nicht jedes Problem muß mit der Familie in Verbindung gebracht werden.

Im Coaching ist die Familie ein wesentliches Thema. Die wechselseitigen Beziehungen werden dann vom Coach aufgegriffen, wenn er oder auch der Coachee meint, daß in die eine oder andere Richtung eine starke Dynamik besteht oder durchs Coaching entstehen wird.

Gemeinschaft

Das fehlende Gemeinschaftsgefühl als ein wesentlicher Aspekt jedweder Beratungstätigkeit rückt mehr und mehr in den Vordergrund. Der Mensch benötigt eine Unterstützung, die Gewißheit einer Geborgenheit, um sich wandeln zu können. Hier ist der Coach gefordert. Daher gehört die Fähigkeit zur sozialen Bindung zur Kernkompetenz des Coachs. Weitergehend ist jedoch vom Coach eine Haltung zu erwarten, die Stärke ausdrückt und vermittelt. Im Wandlungsprozeß, im Sturm ungewisser Gefühle kann der Coach als Fels in der Brandung erlebt werden. Dies ist vom Setting her eher möglich, wenn der Coach ein Externer ist. Er hat dann mehr Abstand als die direkt Beteiligten. Ein unbedingtes Vertrauensverhältnis ist die Voraussetzung, damit der Coach sich auf einen solchen Sturm einlassen kann.

Es ist jedoch auch die Aufgabe des Coachs, die Wichtigkeit der Gemeinschaft herauszuarbeiten. Der Coachee ist ebenso wie jeder Beschäftigte des Unternehmens auf den Gemeinschaftssinn seiner Kollegen angewiesen. Die Erfahrung einer tragenden Gemeinschaft ist wesentlich für ein gutes Betriebsklima.

Coaching richtet die Aufmerksamkeit auch auf den Gemeinschaftssinn, um ein sinnvolles Gleichgewicht von Individualität und Gemeinschaft zu erreichen.

Die Multiperspektivität von Coaching

Die komplexen Strukturen, die unübersehbaren Zusammenhänge, die Schnelligkeit der Veränderungen und Neubestimmungen lassen es nicht ratsam erscheinen, eine reine Metaanalyse zu betreiben. Es wäre einfach, wenn Coaching ein Analyseinstrumentarium zur Verfügung stellen könnte, mit dem eine schwierige Situation auf ein dahinterliegendes logisch erfaßbares Sinngefüge reduziert werden könnte. Eine solche Interpretation würde für ein Unternehmen eine Blockade für weitere Entwicklungen darstellen.

Die Anforderungen an heutige Beratungen sind andere. Es ist eine Transversalität verlangt, der Erkenntnisgegenstand von Coaching ist ein Objekt, das erst im Coachingprozeß entsteht. Bisher war es so, daß Schwierigkeiten dahingehend überprüft und analysiert wurden, wie sie in ein System eingepaßt werden können. Heute geht es um vernetzendes Denken. Das Komplexe soll nicht wie in bisherigen Systemen reduziert und strukturiert werden, damit der Mensch sich Übersichtlichkeit bewahrt. Es ist eben nicht produktiv, wenn man ein Interpretationsschema darüberlegt. Vielmehr müssen Dinge aus vielen Perspektiven bzw. Disziplinen betrachtet werden, so daß Trans-Qualitäten entstehen. Diese entstehen dadurch, Lösungen zwischen den Disziplinen zu suchen, die von unterschiedlichen Systemen möglich sind.

Coaching ist ein Analysieren und Suchen zwischen den Räumen. Es ist psychologisch nicht „sauber", betriebswirtschaftlich „unlogisch", soziologisch „fehlerhaft" und ethisch „zweifelhaft". Eine klare Lösung zu suchen ist immer auch der Versuch kryptoreligiöse Heilsangebote zu machen. Coaching kann sich für den Laien daher oft unkonkret, ziellos und abgehoben anhören. Wer sich in die Zwischenräume wagt, der erfährt, daß die Handlungsmöglichkeiten breiter sind. Ein Agieren zwischen den Welten ist möglich.

Die Aufgabe des Coachings liegt darin, den Coachee zunächst einmal zu unterstützen und ihm Mut zu machen, bisherige eindimensionale Muster, Denkstrukruren und Gewohnheiten zu verlassen. Das Schwierigste ist der Anfang, wenn konkrete Ergebnisse nicht abzusehen sind und eher eine große babylonische Verwirrung herrscht als ein gewohntes pragmatisches Handeln.

Coaching zeichnet sich dadurch aus, daß der Coach immer bemüht ist, unterschiedliche Perspektiven einzunehmen. Ferner ist der Coach bemüht, eine Situation immer aus mehreren Perspektiven gleichzeitig zu betrachten.

Die Bedeutung der Gruppe

Die Analyse der Gruppenzusammenhänge fehlt in den meisten Unternehmen. Aufgabe des Coachings ist es, dem Coachee deutlich zu machen, daß er immer auch Teil einer Gruppe ist und daher seine soziale Kompetenz vonnöten ist, um die Energie der Gruppe zu erhöhen oder die Energie in die gewünschte Richtung zu lenken. Wenn etwa Bayer schreibt: „Es wurden in der Praxis leider erstrangig ‚Schuldige gesucht' und nicht klimatische Wandlungsprozesse gestaltet." (Bayer S. 121), so ist dies eine Verkennung der gruppendynamischen Erkenntnisse, denn Gruppen funktionieren nach bestimmten Mechanismen. Ein schönes Klima vorzuspielen führt dazu, daß die Aggressionen unsichtbar ablaufen und die Dynamiken weniger gut erkennbar sind. Daher ist es wohl sinnvoller, den Menschen so zu nehmen wie er ist, die Gruppenprozesse zu beobachten und darauf zu achten, daß die Auseinandersetzungen in eine konstruktive Bahn gelangen können. Das Klima wird von den Mitarbeitern als selbstgestaltet erlebt und ist nicht abhängig von einer charismatischen Führungsperson.

Übergangsweise kann ein Charismatiker vonnöten sein, doch implementiert er durch seine Art gleichzeitig seine Strukturen und nicht die der Mitarbeiter.

Der Coach strebt an, daß der Coachee die gemachten Erfahrungen mit dem Coach in die Gruppenstruktur einfließen läßt. Ein brennender Streichholz zündet den nächsten an. Ein solcher Prozeß kann einige Zeit dauern.

Die Einführung von Gruppenarbeit gilt in vielen Betrieben als das Mittel der Wahl. Problematisch daran ist, daß es keine wissenschaftlichen Befunde darüber gibt, daß Arbeit in Gruppen wesentlich effektiver und effizienter ist. Die externe Validität ist oft äußerst fragwürdig. Zudem lassen sich unterschiedliche Formen der Gruppenarbeit unterscheiden. Qualitätszirkel sind etwas anderes als Projektgruppen oder teilautonome Arbeitsgruppen.

Weiter gilt es zu bedenken, daß in den westlichen Industrienationen der Individualismus favorisiert und kultiviert wird. Die protestantische Ethik, die das Wirtschaftsleben wohl maßgeblich beeinflußt hat, ist ebenso individualistisch beeinflußt. Von einer Führungskraft wird daher oft die Koordination und Förderung von Gruppenprozessen erwartet, damit der einzelne Mitarbeiter mehr Leistung erbringt und besser kontrolliert werden kann. Nun kontrolliert nicht mehr der Chef, sondern die Gruppe. Gruppenarbeit jedoch kann nur dann sinnvoll praktiziert werden, wenn die Mitbestimmung der Mitarbeiter sich nicht nur auf ein Wie sondern auch auf ein Was bezieht.

„Man kann nicht auf der Individualebene langfristig Teamfähigkeiten zu entwickeln suchen, wenn auf der strukturellen Ebene die individuumzentrierten Rahmenbedingungen beibehalten werden und umgekehrt." (Antoni S. 382). Eine Psychologisierung, wie sie in den meisten Ansätzen von Coaching favorisiert wird, führt dazu, daß normative Erwartungshaltungen durch eine scheinbare Beachtung „weicher" Faktoren als Demokratisierung erscheinen. Wenn die Führungskraft psychologisch besser mit Gruppen umgehen kann, dann dient dies lediglich zur Manipulation. Nach einiger Zeit jedoch werden diese Mechanismen nicht mehr greifen. Erst wenn die Gruppe Verantwortungen bekommt, also eine Demokratisierung geschieht, sind überdauernde Strukturen geschaffen, wodurch die Führungsperson nicht mehr der Wächter darüber sein muß, daß die Gruppe auch das tut, was von oben vorgegeben ist.

Der Coach arbeitet eigentlich mit Gruppen. Daher ist die Dynamik in Gruppen eine seiner Hauptaufgaben. Arbeitet der Coach mit einem einzelnen Manager, dann tut er dies unter dem Aspekt von Gruppen. Der Coach sieht immer gruppendynamische Entwicklungen und Dynamiken. Damit wendet sich der Coach gegen die Auffassung, daß derjenige, der gut führt schon alles erreichen könne. Führung geschieht immer in Hinblick auf eine Gruppe. Führer werden in ähnlicher Weise geführt wie Geführte.

Fazit

1. Der Coach nimmt immer viele Perspektiven ein. Auf diese Weise macht er Erklärungen möglich, die nicht nur einer Interessensgruppe gerecht werden.

2. Ziel des Coachs ist es, sich überflüssig zu machen. Am Ende des Coachingprozesses ist der Coachee so weit, daß er sich selbst coachen kann und weiß, wann er die Hilfe des Coachs ein weiteres Mal in Anspruch nehmen sollte.

Literaturhinweise

Besser-Siegmund, Cora, Siegmund, Harry (1996), Coach yourself. Mit NLP die eigenen Fähigkeiten voll ausschöpfen,
Düsseldorf, Econ.
Bücher über Selfcoaching sollte man sich im Buchhandel anschauen, um zu wissen, ob man mit der Art der Autoren zurecht kommt.

Doppler, Klaus, Lauterberg, Christoph (1996), Change-Management: den Unternehmenswandel gestalten,
5.Aufl., Frankfurt/Main New York, Campus.
Dieses Buch ist sehr anschaulich für die Praktiker im Unternehmen geschrieben.

Fatzer, Gerhard (Hrsg.) (1993), Organisationsentwicklung für die Zukunft: ein Handbuch,
Köln, Ed. Humanistische Psychologie.
In diesem Band finden sich die wichtigsten Namen der Organisationsentwicklung. Für Leser, die Organisationsentwicklung verstehen wollen, bietet dieses Buch seriöse Texte.

Geißler, Harald (1995), Grundlagen des Organisationslernens,
2.Aufl., Weinheim, Deutscher Studien Verlag.
Dieses Buch richtet sich eher an Wissenschaftler als an Praktiker.

Lumma, Klaus (1994), Die Team-Fibel: das Einmaleins der Team- & Gruppenqualifizierung im sozialen und betrieblichen Bereich; ein Lehrbuch zum lebendigen Lernen,
Hamburg, Windmühle.
Das Buch bietet für den Praktiker übersichtliche Texte, Tabellen, Checklisten und Graphiken zu den Aspekten der Teamentwicklung.

Weiß, Josef (1991), Selbst-Coaching. Persönliche Power und Kompetenz gewinnen,
2.Aufl., Paderborn, Junfermann.
Dies ist ein an das NLP angelehntes Buch, welches der Kompetenzerweiterung dienen soll.

Zusammenfassung

Coaching unterstützt und fördert die Persönlichkeitsentwicklung des Coachees. Somit wird mittels Coaching ein Prozeß initiiert, der durch den Coachee auch ohne Coach weiter gestaltet wird. Coaching hat also kein definiertes Ende.

Wohl aber die Zusammenarbeit von Coach und Coachee. Da die Gespräche mit dem Coach einen klaren Anfang und ein definiertes Ende haben, muß Coaching als ein Projekt beschrieben werden, das in ständige, vom Coachee selbst betriebene Persönlichkeitsprozesse überführt wird.

Das zuvor beschriebene Ende der Zusammenarbeit von Coach und Coachee muß inhaltlich definiert und darf nicht allein zeitlich verstanden werden. Es geht darum, den Coachee dahin zu führen, sich selbst permanent weiter zu hinterfragen und damit zu entwickeln. Zeitlich hängt dies stark vom Coachee ab. Somit ist keine klare Sitzungsanzahl anzugeben. In jedem Fall werden jedoch die in den zehn Kapiteln respektive Sitzungen beschriebenen zehn Phasen durchlebt, wie es auch dem folgenden Bild zu entnehmen ist.

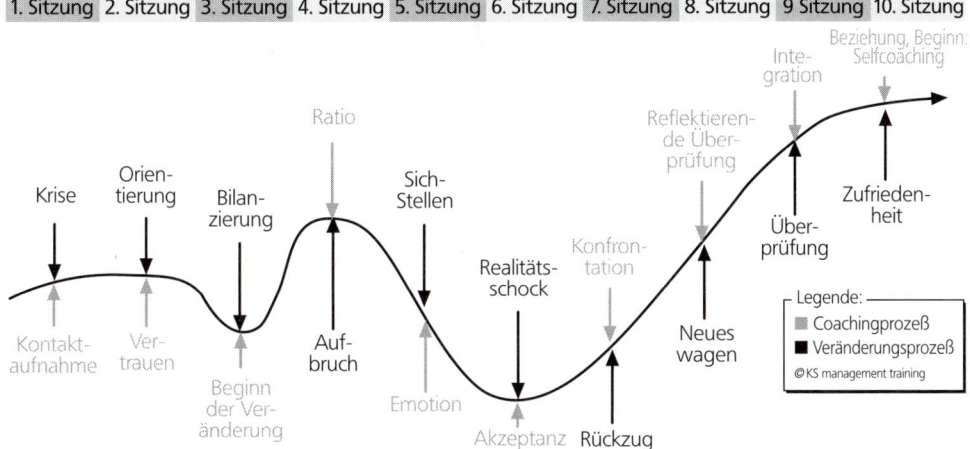

Die skizzierte Kurve stellt einen typischen Veränderungsverlauf mit nachhaltiger Wirkung dar. In die Kurve sind Kräfte eingetragen, die für den entsprechenden Verlauf des Prozesses verantwortlich sind. Diese Kräfte werden von Coach und Coachee gestaltet, wobei die Gegenüberstellung keine ständige Konfrontation bedeutet. Vielmehr ist der Coach im Bewußtsein dieser Kräfteverteilung darauf bedacht, entsprechend moderierend zu begleiten. Dabei sind die Kräfte des Coachees durch dunkle Pfeile gekennzeichnet, während die Einflüsse des Coachs durch die hellen Pfeile dargestellt werden.

Im folgenden sei noch einmal auf die für den Coaching-Prozeß wichtigen Phasen hingewiesen:

1. Die erste entscheidende Phase etwa manifestiert sich in der zweiten Sitzung, in der sich bewahrheitet, ob Coach und Coachee gemeinsam diesen Weg gehen wollen und können.

2. Die zweite zentrale Phase zeigt sich in der vierten und fünften Sitzung. Der Coachee läßt sich auf emotionale Wahrnehmungen ein und muß feststellen, daß er noch nicht bei den tatsächlichen Ursachen für die eigenen Probleme angekommen ist. Hier ist insbesondere das hartnäckige Durchhalten des Coachees gefordert, der dabei vom Coach unterstützt wird. Die Devise muß nicht sein, kurzfristige und verlockende Auswege zu gehen, sondern sich bewußt den vielleicht auch schmerzlichen Erkenntnissen und vor allem Emotionen zu stellen. Nur so gelangt der Coachee zu wirklichen und nachhaltigen Veränderungen.

3. In der dritten Phase, d. h. in der siebten und achten Sitzung, wird der konstruktive Neubeginn gestaltet. Hier bewahrheitet sich, ob der Coachee in alte Strukturen zurückfällt oder ob er sich auf das Neue einläßt und dabei seine Schritte ständig überprüft. Nur wenn diese Vorgehensweise gelernt wird, ist Selfcoaching, also ein selbständig geführter Coaching-Prozeß, möglich.

Abschließend sei bemerkt, daß Coaching zum einen konstruktive und konkrete Unterstützung bei persönlichen Veränderungen leistet und zum anderen über den Lerneffekt die Voraussetzungen schafft, um selbständig und bewußt die eigene Persönlichkeitsentwicklung zu verfolgen.

Literaturverzeichnis

Abe, Kobo (1990): Die Frau in den Dünen.
Frankfurt/M, Eichborn

Backhaus, Klaus, u. Bonus, Holger (Hrsg.) (1994): Die Beschleunigungsfalle oder der Triumph der Schildkröte.
Stuttgart, Schäffer-Poeschel

Baisch, H.L. (1988): Coach für Chefs.
Esquire 11/1988, S. 34–37

Balling, Rolf (1990): Coaching, Intuition und analytische Denkweise: Training intuitiver Fähigkeiten.
Gablers Magazin 4/1990, S. 19–21

Bateson, Gregory (1996): Ökologie des Geistes.
6. Auflage, Frankfurt/M, Suhrkamp

Batzko, H.G. (1997): Coaching ist eigentlich der falsche Begriff.
Wirtschaft & Weiterbildung 6/1997, S. 48–50

Bayer, Hermann (1995): Coaching Kompetenz, Persönlichkeit und Führungspsychologie.
München Basel, Ernst Reinhardt

Behn, E.-A. (1989): Coach statt Couch.
Expression 3/1989, S. 88–90

Beisser, Arnold R. (1997): Wozu brauche ich Flügel? Ein Gestalttherapeut betrachtet sein Leben als Gelähmter.
Wuppertal, Hammer

Bernadis, L. (1987): Coaching ein Eingeständnis von Schwäche.
Kurz & Klar, 2/1987, S. 8–10

Bernstein, B.J., u. Kay B.L. (1988): Teacher, Tutor, Colleague, Coach,
Personnel Journal 65/1988, S. 44–51

Besser-Siegmund, C., u. Siegmund, H. (1991): Coach Yourself. Persönlichkeitskultur für Führungskräfte.
Düsseldorf Wien New-York, Econ

Beyer, Heinrich u. Nutzinger, Hans (1995): Unternehmenskultur, ökonomische Theorie und empirisch-praktische Forschung.
Universitas 11/1995, S. 1044–1058

Blanchard, Ken u. Shula, Don (1996): Talent zum Coach hat jeder.
Wien, Ueberreuther

Blankertz, Stefan (1996): Gestalt begreifen. Ein Arbeitsbuch zur Gestalttherapie.
Wuppertal, Hammer

Böckmann, Walter (1987): Sinn und Selbst. Wege zur Selbsterkenntnis.
Weinheim Basel, Beltz

Böning, Uwe (1989): Coaching: Zur Rezeption eines neuen Führungsinstruments in der Praxis.
Personalführung 12/1989, S. 1149–1151

Böning, Uwe (1990): System-Coaching contra Einzel-Coaching: Hilfe zur Selbsthilfe.
Gablers Magazin 4/1990, S. 22–25

Bolz, Norbert (1997): Die neuen Götter des Marktes.
Universitas 7/1997, S. 613–621

Bolz, Norbert (1994): Die unerträgliche Geschwindigkeit des Seins.
Universitas 6/1994, S. 514–520

Bolz, Norbert (1997): Die Sinngesellschaft.
Düsseldorf, Econ

Breitenstein, Rolf (1987): Märchen für Manager.
2. Auflage, München, Langen-Müller / Herbig

Brinkmann, Ralf D. (1994): Mitarbeiter-Coaching. Der Vorgesetzte als Coach seiner Mitarbeiter.
Heidelberg, Sauer

Brüning, M. (1994): Coaching-Möglichkeiten und Grenzen eines individualistischen Personalentwicklungsinstrumentes.
Unveröff. Dipl. Arbeit, Trier

Buchner, Dietrich (Hrsg.) (1993): Manager Coaching. Wie individuelle Ressourcen programmiert werden.
Paderborn, Junfermann

Bude, Heinz (1997): Die Hoffnung auf den „unternehmerischen Unternehmer".
Über wirtschaftliche Eliten.
Universitas 9/1997, S. 850–858

Camporesi, Piero (1994): Bauern, Priester, Possenreißer.
Frankfurt/M New York, Campus

Cohen, William A. u. Cohen, Nurit (1994): Unternehmen auf der Couch.
Freiburg i.Br., Haufe

Csikszentmihalyi, Mihaly (1992): Flow. Das Geheimnis des Glücks.
Stuttgart, Klett-Cotta

Czichos, Reiner (1995): Coaching = Leistung durch Führung.
2. Auflage, Basel München, Ernst Reinhardt

Czwalina, Johannes u. Walker, Andreas (1998): Karriere ohne Sinn? Der Manager zwischen Beruf, Macht und Familie,
2. Aufl., Gräfelfing, Resch

Denecke, W. (1989): Was halten Sie vom Coaching?
Absatzwirtschaft 5/1989, S. 18–22

Dollasse, Rainer (1991): Wirkungslose Erziehung.
Universitas 3/1991, S. 271–279

Domsch, Michel (1993): Coaching – Spezialbehandlung für schwere Fälle.
Management-Zeitschrift 10/1993, S. 56–58

Doppler, Klaus u. Lauterberg, Christoph (1996): Change-Management: den Unternehmenswandel gestalten.
5. Auflage, Frankfurt/M., New York, Campus

Drosdek, Andreas (1996): Credibility Management. Durch Glaubwürdigkeit zum Wettbewerbsvorteil.
Frankfurt/M., Campus

Eberspächer, Hans (1988): Probleme des Coaching als praktisch-psychologische Tätigkeit im Sport.
Sportpsychologie 3/1988, S. 297ff

Eck, C.D. (1990): Rollencoaching als Supervision.
(aus: Fatzer, G.: Supervision und Beratung).
Köln, Edition Humanistische Psychologie, S.209

Fatzer, Gerhard (Hrsg.) (1990): Supervision und Beratung – Ein Handbuch.
Köln, Edition Humanistische Psychologie

Fatzer Gerhard (1990): Rollencoaching als Supervision von Führungskräften.
Supervision, Heft 12, 5/1990, S. 42–49

Fatzer, Gerhard (1993): Organisationsentwicklung für die Zukunft.
Köln, Edition Humanistische Psychologie

Felder, Petra (1997): Nicht Lehrer – Nicht Therapeut.
Wirtschaft & Weiterbildung 2/1997, S. 14–18

Felderer, Christa T. (1990): Erste deutsche Coaching Fachtagung im deutschsprachigen Raum: Meeting der Hofnarren.
Gablers Magazin 4/1990, S. 34–35

Feyerabend, Paul K. (1997): Die Torheit des Philosophen. Dialoge über die Erkenntnis. Frankfurt/M., Fischer

Fittkau, Bernd (1997): Kommunikation – Ein bestimmendes Mittel von Organisationskulturen
Integrative Therapie 1–2/1997, S. 181–201

Frankl, Viktor E. (1981): Die Sinnfrage in der Psychotherapie
München, R. Piper & Co.

Geißler, Harald (1995): Grundlagen des Organisationslernens.
2. Auflage, Weinheim, Dt. Studien Verlag

Geissler, J. u. Günther, J. (1986): Coaching: Psychologische Hilfe am wirksamsten Punkt.
Blick durch die Wirtschaft v. 17.03.1986

Geißler, Karlheinz A. (1994): Den Rhythmus wiederfinden.
Universitas 8/1994, S. 792–797

Geißler, Karlheinz A. (1993): Zeit leben. Vom Hasten und Rasten, Arbeiten und Lernen, Leben und Sterben.
5. Auflage, Weinheim Berlin, Beltz, Quadriga

Gester, P. (1991): Coaching: Systemische Instrumente zur Personalentwicklung im Profit- und Non-Profit-Bereich.
Audio-Tape, Heidelberg

Goodmann, Paul (1989): Natur heilt. Psychologische Essays.
Köln, Edition Humanistische Psychologie

Gordon, Thomas (1989): Managerkonferenz. Effektives Führungstraining.
6. Aufl., München, Heyne

Gottschall, Dietmar (1989): Coaching – Ein Partner für alle Fälle
Manager-Magazin 2/1989, S. 117ff

Grün, J. u. Dorando, M. (1989): Coaching mit Meistern. Personalentwicklung vor Ort.
Personalführung 11/1989, S. 930–936

Hahn, E. (1989): Coaching.
Sportpsychologie 3/1989, S. 5–8

Hamann, A. u. Huber, J.J. (1991): Coaching. Der Vorgesetzte als Trainer.
Darmstadt, Hoppenstedt

Hartge, T. (1997): Coaching, Moderation, Supervision.
Wirtschaft und Weiterbildung 6/1997, S. 42–47

Hauser, E. (1992): Coaching von Mitarbeitern.
(aus: Rosenstiel, L.V. u. a.: Führung von Mitarbeitern.)
Stuttgart, Klett-Cotta

Heibutzki, H. J. (1989): Coaching – durch ehrliches Feedback zur Spitzenleistung.
Congress & Seminar 5/1989, S. 5

Hentig, Hartmut von (1984): Fragmente einer zukünftigen Pädagogik.
Frankfurter Hefte, extra 6/1984, S. 119–128

Hilgers, Micha (1996): Scham – Gesichter eines Affekts.
Göttingen Zürich, Vandenhoeck & Ruprecht

Höfle, K. u. Huber, M.(1998): Coaching.
Hdb PET, 8, 1.2.0., 1–28

Hohr, K.-D. (1989): Coaching – Herausforderung für die Personalverantwortlichen.
Personalführung 12/1989, S. 1169–1170

Horx, Matthias (1995): Trendwörter von Acid bis Zippies.
2. Auflage, Düsseldorf Wien New York Moskau, Econ

James, T. (1992): Time Coaching – Programmieren Sie Ihre Zukunft.
Paderborn, Junfermann

Johannsen, Arne (1989): Die Couch vom Coach.
Cash-Flow 9/1989, S. 47–49

Kanter, R. u. Zolner, J. P. (1986): What 'New'Coaches can teach Managers.
Management Review 11/1986, S. 10–11

Kinlaw, D.C. (1989): Coaching for Commitment.
San Diego

König, Eckard u. Volmer, Gerda (Hrsg.) (1997): Praxis der Systemischen Organisationsberatung.
Weinheim, Deutscher Studien Verlag

Koreng, M. (1992): Coaching als Bestandteil der Personalentwicklung.
Unveröf. Dipl.Arb., Koblenz, Landau

Kuhlmann, Thomas (1989): Coaching. Persönliche Beratung bei strukturellen Veränderungen und Führungskräfteförderung.
Personalführung 6/1989, S. 592–597

Lamporter, D.H. (1990): Coaching: Die menschliche Komponente.
Management Wissen 1/1990, S. 85–89

Landsberg, Max (1998): Das Tao des Coaching: Effizienz und Erfolg durch meisterhafte Führung.
Frankfurt/M., New York, Campus

Lay, Rupert (1994): Dialektik für Manager. Methoden des erfolgreichen Angriffs und der Abwehr.
16. Aufl., München, Langen-Müller/Herbig

Lay, Rupert (1992): Über die Kultur des Unternehmens.
Düsseldorf, Wien, New York, Moskau, Econ

Lay, Rupert (1992): Vom Sinn des Lebens.
München, mvg

Lemmer, Ruth (1988): Hofnarr für den Chef.
Wirtschaftswoche 4/1988

Lentz, B. (1987): Wir brauchen den Coach als Manager.
Manager Magazin 6/1987, S. 296–303

Lenz, Gerhard (Hrsg.) (1991): Die Seele im Unternehmen.
Berlin Heidelberg New York, Springer

Lever, Maurice (1983): Zepter und Narrenkappe. Geschichte des Hofnarren.
München, Dianus trikont

Looss, Wolfgang (1986): Coaching: Partner in dünner Luft.
Manager Magazin 8/1986, S. 136–140

Looss, Wolfgang (1992): Coaching im Kontext von Organisations- und Personalentwicklung. (aus: Wimmer, R. (Hrsg.): Organisationsberatung.)
Wiesbaden, Gabler

Looss, Wolfgang (1990): Es geht immer schlechter, also bin ich auf dem richtigen Weg: Der Umgang mit Coaches.
Gabler Magazin 4/1990, S. 32–33

Looss, Wolfgang (1993): Coaching für Manager. Konfliktbewältigung unter vier Augen.
3. Auflage, Landsberg/Lech, Moderne Industrie

Luhmann, Niklas (1996): „Man zwingt andere Begriffe zur Anpassung", Andreas Geyer im Gespräch mit Niklas Luhmann.
Universitas, 10/1996, S. 1017–1027

Lukaszewski, J.E. (1988): Behind the throne: How to coach and counsel Executives.
Training and Development Journal 10/1988, S. 33

Lumma, Klaus (1994): Die Teamfibel: das Einmaleins der Team- & Gruppenqualifizierung im sozialen und betrieblichen Bereich.
Hamburg, Windmühle

Maturana, Humberto R. u. Varela, Francisco J. (1987): Der Baum der Erkenntnis. Wie wir die Welt durch unsere Wahrnehmung erschaffen – die biologischen Wurzeln des menschlichen Erkennens.
Bern München Wien, Scherz

Megginson, D. (1988): Instructor, Coach, Mentor. Three Ways of Helping for Managers.
Management Education and Development, Vol. 19, 1/1988, S. 33–46

Mikitta, E. (1992): Coaching für VIPs.
congma texte 3, 4/1992, S. 12–22

Nadolny, Sten (1992): Die Entdeckung der Langsamkeit.
24. Auflage, München, R. Piper & Co.

Neubeiser, Marie-Luise (1990): Management-Coaching. Der neue Weg zum Manager von morgen.
Zürich Wiesbaden, Orell-Füssli

Neuberger, Oswald (1995): Führen und geführt werden.
5. Aufl., Stuttgart, Ferdinand Enke

Parsloe, E. (1992): Coaching, Mentoring and Assessing: A Practical Guide to Developing Confidence.
Kogan Page Limited

Perls, Frederick S. (1979): Gestalttherapie in Aktion.
3. Auflage, Stuttgart, Klett-Cotta

Perls, Lore (1997): Der Weg der Gestalttherapie: Lore Perls im Gespräch mit Daniel Rosenblatt.
Wuppertal, Hammer

Petz, Michael F. (1997): Führen – Fördern – Coachen. Wie man Mitarbeiter zum Erfolg führt.
Wien, Überreuter

Petzold, Hilarion G. (1997): Supervisorische Kultur und Transversalität – Grundkonzepte Integrativer Supervision. Teil I.
Integrative Therapie 1–2/1997, S. 17–59

Pieper, Josef (1964): Das Viergespann. Klugheit Gerechtigkeit Tapferkeit Maß.
München, Kösel

Plessen, Ulf u. Wilk, Werner W. (1990): Coaching – psychologische Kompetenz für die Chefetage: Wenn es an die Substanz geht.
Gablers Magazin 4/1990, S. 16–18

Pühl, Harald (1994): Angst in Gruppen und Institutionen. Der Einzelne und sein unbewußtes Gruppennetz.
Neuauflage, Hille, Ursel Busch

Rückerl, Thomas (1990): Coaching – Grundsatzfragen. Auch als Mensch gefordert.
Gablers Magazin 4/1990, S. 10–14

Rückle, Horst (1992): Coaching.
Düsseldorf Wien New-York Moskau, Econ

Ruede-Wissmann, Wolf (1991): Crash-Coaching. Die C.C.-Methode kreativen Streitens und der Problemlösung.
München, Langen-Müller / Herbig

Sattelberg, T. (1989): Der Coach und Mentor ersetzt viele Seminare.
Congress & Seminar 29/1989, S. 10–14

Schaffelhuber, Stefan (1993): Inner Coaching: Konzentration, Selbstbewußtsein, Geistesgegenwart.
Frankfurt Berlin

Scheer, H.D. (1989): Coaching oder der Impuls von außen.
Wirtschaft und Weiterbildung 4/1989, S. 58–61

Schmidt, Gregor (1995): Business Coaching. Mehr Erfolg als Mensch und Macher.
Wiesbaden,Gabler

Schmidt-Lellek, Christoph J. u. Heimannsberg (Hrsg.) (1995): Macht und Machtmißbrauch in der Psychotherapie.
Köln, Edition Humanistische Psychologie

Schmidt-Taner, Martina (1998): Veränderungscoaching. Kompetent verändern. NLP im Changemanagement, im Einzel- & Teamcoaching.
Paderborn, Junfermann

Schreyögg, Astrid (1995): Coaching – eine Einführung für Praxis und Ausbildung.
Frankfurt/M New York, Campus

Schulz von Thun, Friedemann (1998): Miteinander reden: Das „Innere Team" und situationsgerechte Kommunikation.
Reinbek bei Hamburg, Rowohlt

Schulz von Thun, Friedemann (1992): Miteinander reden: Störungen und Klärungen. Allgemeine Psychologie der Kommunikation.
Reinbek bei Hamburg, Rowohlt

Schulz von Thun, Friedemann (1992): Miteinander reden: Stile, Werte und Persönlichkeitsentwicklung. Differentielle Psychologie der Kommunikation.
Reinbek bei Hamburg, Rowohlt

Schweer, M. (1997): Interpersonales Vertrauen. Theorien und empirische Befunde.
Opladen

Schwertfeger, Bärbel (1998): Der Griff nach der Psyche. Was umstrittene Persönlichkeitstrainer in Unternehmen anrichten.
Frankfurt/M New York, Campus

Selman, J. u. Evered, R.D. (1989): Coaching and the Art of Management –
Organizational Dynamics.
Winter, S. 16–32

Singer, J. (1979): Effective mangement Coaching.
Landsdale Universal Printing

Sloterdijk, Peter (1993): Weltfremdheit.
Frankfurt/M, Suhrkamp

Sloterdijk, Peter (1995): Theorie ist der Schlaf der Vernunft. Andreas Geyer im
Gespräch mit Peter Sloterdijk.
Universitas 11/1995, S. 1021–1035

Souisseaux, A. (1989): Coaching – Personalentwicklung für TOP-Manager.
TH Darmstadt

Spangler, Gottfried u. Zimmermann, Peter (Hrsg.) (1997): Die Bindungstheorie.
Grundlagen, Forschung und Anwendung.
2. Aufl., Stuttgart, Klett-Cotta

Staemmler, Frank-M. (1997): Neue Forschungsergebnisse zur Effektivität von
Psychotherapie. Die „Consumer-Reports“-Studie.
Gestalttherapie Heft 2/1997, S. 88–93

Stollwerk, S.J. (1988): Coaching: A Commitment to Leadership.
Training and Development Journal 42/1988

Taubert, Rolf (1997): Rückkehrgespräche und ihre Glaubwürdigkeit. (aus: Mönnich,
Annette u. Bartsch, Elmar (Hrsg.): Glaubwürdigkeit kommunizieren.)
Jahresheft der Sprech-Kontakte, Bochum Duisburg

Titze, Michael (1995): Die heilende Kraft des Lachens. Mit therapeutischem Humor
frühe Beschämungen heilen.
München, Kösel

Titze, Michael u. Eschenröder, Christof T. (1998): Therapeutischer Humor.
Grundlagen und Anwendung.
Frankfurt/M, Fischer

Ulich, Eberhard (1994): Arbeitspsychologie.
3. Auflage, Stuttgart, Schäffer – Poeschel

Ulrich, J. (1993): Persönlichkeits-Coaching – der Weg zur überzeugenden Führungskraft.
Management Zeitschrift 10/1993, Heft 62, S. 53–55

Weber, D. (1990): Coaching in lockeren Socken.
Management Wissen 6/1990, S. 90–95

Weiß, Josef u. Kirchner, Isolde (1991): Selbst-Coaching. Persönliche Power und Kompetenz gewinnen.
2. Auflage, Paderborn, Junfermann

Welsch, Wolfgang (1991): Kreativität heute.
Universitas 6/1991, S. 587–591

Weyh, Helmuth u. Krause, Patrick (1991): Kreativität. Ein Spielbuch für Manager.
2. Auflage, Düsseldorf Wien New York, Econ

Whitmore, John (1995): Coaching für die Praxis: Manager, Eltern und Gruppenleiter.
2. Auflage, Frankfurt/M, Campus

Wilker, Friedrich-W. (Hrsg.) (1995): Supervision und Coaching.
Bonn, Dt. Psychologen-Verlag

Willke, Helmut (1997): Kultur der Komplexität: Die systemischen Qualitäten der responsiven Organisation.
Integrative Therapie 1–2/1997, S. 167–180

Wolf, Guido (1990): Ausbildung zum Coach: Voraussetzungen für Lernen schaffen.
Gablers Magazin 4/1990, S. 28–30

Zemke, Ron u. Anderson, Kristin (1997): Coaching für den umwerfenden Service.
Frankfurt/M New York, Campus